童真农民画
田野里的美育课堂

朱琍琍 著

农民画唤醒了人们儿时记忆里久违的「乡愁」，在传承中寻找艺术之根，在田野中创新美育课堂。

农民画，是中华民族深具群众基础的一种民间艺术，具有浓厚的乡土气息。它是一种艺术形式，更是一种文化、一种生活方式的体现。

农民画

东南大学出版社
SOUTHEAST UNIVERSITY PRESS
南京

图书在版编目（CIP）数据

童真农民画：田野里的美育课堂／朱琍琍著．—南京：东南大学出版社，2023.8
ISBN 978-7-5766-0842-7

Ⅰ．①童… Ⅱ．①朱… Ⅲ．①美育－教学研究－小学 Ⅳ．① G623.702

中国国家版本馆 CIP 数据核字（2023）第 155735 号

责任编辑：贺玮玮　　封面设计：张莹彦　　责任校对：子雪莲　　责任印制：周荣虎

书　　名：童真农民画：田野里的美育课堂
　　　　　Tongzhen Nongminhua: Tianye Li De Meiyu Ketang

著　　者：朱琍琍
出版发行：东南大学出版社
出 版 人：白云飞
社　　址：南京四牌楼 2 号　邮编：210096
网　　址：http://www.seupress.com
经　　销：全国各地新华书店
印　　刷：苏州市越洋印刷有限公司
开　　本：787mm×1092mm　1/16
印　　张：17.5
字　　数：215 千
版　　次：2023 年 8 月第 1 版
印　　次：2023 年 8 月第 1 次印刷
书　　号：ISBN 978-7-5766-0842-7
定　　价：85.00 元

本社图书若有印装质量问题，请直接与营销部调换。电话（传真）：025-83791830

序

在这片广袤的田野中，有一个独特而美丽的课堂，它是一场大美育的盛宴，拥抱着童真与农耕的相互交融。这个美育课堂的主角，就是本书的主角——农民画，它以朴实的笔触和鲜艳的色彩，将大自然的诗意和小乡村的烟火完美融合。这个美育课堂的情境是田野，学生们可以感受到大地的温暖和包容，领略到生活的酸甜与苦辣。农民画作为载体，不仅仅是一种绘画形式，更是一种精神的传承。它教会学生细心观察，用心感受大自然的美。在画布上，他们可以描绘青青稻田中的风起云涌，可以勾勒出黄豆田里的欢乐场景。通过农民画，学生们学会用心感受生活，用艺术的语言表达内心的情感。

沿着一条小小的稻田小道，孩子们跟随着老师，仔细观察着蜿蜒的水渠和繁茂的禾苗。他们的画笔在画布上舞动，勾勒出稻田的灵动和水草的生机，令人仿佛置身于稻田中，感受到了大地的温暖和生命的力量，他们用快乐的笑容和灵活的笔触传达着对大自然的热爱与感激，这就是八卦洲中心小学童真农民画课堂的真实场景。

在八卦洲中心小学，"田野学习"作为一种新的教育样态，正在田野中蓬勃发展。这种学习方式将课堂带到了自然的怀抱中，将学生的学习与生活融为一体，让他们在真实的环境中获得丰富的学习体验和全面发展。在"田野学习"的过程中，学生们不再局限于书本知识，而是通过亲身参与、实践和观察，与自然互动，与生活互动，获得真实世界的经验和知识。在"田野学习"课堂中，学生首先要进行亲历性学习，他们探索农田，观察农作物的成长过程，并深入了解农耕文化、生态环境等方面的知识。通过亲身参与，学生会产生更直观深刻的体验和印象。其次，在学习过程中，学生需要发挥主动性和创造性，通过自己的思考和实践，深入研究和分析问题，并通过调查、采风、访谈、讨论等方式，积极寻找解决方案，完成研究性学习。再次，"田野学习"鼓励学生与学习环境进行交互，与同学、教师进行交流和合作，拓宽自己的思维视野，提高团队合作能力，完成交互性学习。"田野学习"模式不仅培养了学生们的知识和技能，更重要的是培养了他们的情感态度和综合素养，使他们不再将学习与生活划分为两个独立的领域，而是将所学应用到实际中，体验学以致用的快乐。

八卦洲特有的田园风光为农村艺术教育实施提供了得天独厚的条件，在"田野学习"理念的引领下，八卦洲中心小学推出了"童真农民画"特色课程，以"儿童发展"为着眼点，引导儿童进入田野，融入生活、深入社会，探索新时代"田野"美育新样态。在农民画课堂中，学生们将学习农民画的基本技巧和表现方式，学习如何运用简洁、明快的线条和大胆、明艳的色彩表现出大自然的特点和乡村生活丰富的情感。同时，学生们也会了解农民画的历史和发展，了解著名的农民画乡以及作品的特点，掌握一些农民画的传统元素和纹样。通过系统的学习，学生们将培养自己的艺术修养和创作能力。更为重要的是，在农民画课堂中，学生们通过描绘田园风光、农作物和农民劳动的场景，传达出对乡土文化的敬意和对农民辛勤劳动的赞美，为乡土文化的传承注入新的活力和创意。

在探索田野中的美育课程样态的道路上，八卦洲中心小学不断挖掘乡土艺术资源，建构特色课程体系，搭建多样学习平台，探索适性学习方式，为学校美育特色课程的发展开辟了新的可能。

首先，学校积极挖掘乡土艺术资源。美术教师团队深入田野，与农民画大师互动交流，了解艺术家们的创作理念和技巧，将乡土艺术融入课程中。孩子们通过参观乡土艺术展览、学习农耕文化，感受乡土艺术的独特魅力，激发了对田野美育的兴趣和热情。

其次，学校建构了特色课程体系，根据学生的兴趣和需求，从"艺术与传承""艺术与生活"两个维度架构课程体系，课程内容包括利用农民画元素进行日常装饰、创作自己的农民画作品等。学校注重培养学生的创造力和表达能力。学生可以选择自己感兴趣的主题，通过学习农民画的技巧和方法，学生可以表达自己对田园生活、农耕文化的理解与情感。

同时，学校搭建了多样的学习平台，借助互联网技术建设了在线学习平台和虚拟美术馆，为学生提供了更广阔的学习资源和机会。学生可以通过网络学习农民画绘画的技巧和知识，与其他学校的学生进行交流和合作，共同探索田野美育的奥秘。这样的学习平台让学生能够随时随地展示和分享自己的作品，增强了学习的互动性和趣味性。

最后，学校积极探索适性学习方式。他们充分尊重学生的个体差异和兴趣爱好，提供了多样化的学习路径和活动选择。学生们可以根据自己的特长和喜好，选择参加不同的艺术活动和竞赛，展示自己的才艺，追求个人的艺术梦想。通过适性学习方式的探索，学校培养了学生的自主学习能力和创造力，让他们能够真正体验到美育课程的乐趣和意义。

农民画，真是一种妙不可言的艺术形式。通过绘制农民画，孩子们不仅可以培养自己的创造力和艺术表达能力，还能够感受与自然相融合的愉悦和平静。每一笔每一画，都可以成为孩子们对农田、农民、家乡的感悟和思考的记录。农民画还能够使孩子们增强对传统文化的尊重和认同。通过与农民画艺术家的交流和学习，孩子们可以了解到农民画的发展历程和传统技法，从而感受到农耕文化的传承与无穷魅力。在绘制农民画的过程中，孩子们还能够培养观察力、细致入微的表达和耐心等个人品质。他们学会欣赏和表达美，锻炼自己的专注力和创造力，感受到艺术所带来的满足和快乐。农民画还能够使孩子们认识文化多样性和社会多元性。农民画不仅是中国传统艺术的重要组成部分，还是各地域、各民族文化的瑰宝。通过学习农民画，孩子们能够探索和体验不同地域风貌的多样性，了解不同民族的艺术表达方式，从而培养跨文化交流和包容理解的能力。

在八卦洲中心小学的农民画课堂中，学生们在自然与艺术的交融中茁壮成长。他们用画笔书写着自己的农耕故事，用心感受着大自然的美丽。我特别期待这个特殊的课堂能为学生们的美育之旅注入更多的灵感和力量，让他们成为具有创造力和美感的未来之星！

朱琍琍

目录 MULU

第一章　农民画综述

第一节　农民画的发展概况 / 02

第二节　农民画的艺术特色 / 08

第三节　农民画的文化内涵 / 14

第四节　农民画之美丽乡村 / 23

第二章　童真农民画的脉络解析

第一节　童真农民画的时代背景 / 35

第二节　童真农民画的乡土传承 / 40

第三节　童真农民画的田野畅想 / 45

第三章　童真农民画的课程建构与实施

第一节　童真农民画的课程建构 / 52

第二节　童真农民画的课程图谱 / 60

第三节　童真农民画的课程实施与评价 / 72

第四章　童真农民画的课堂样态

第一节　多元空间，创生美好 / 91

第二节　育人视角，聚焦素养 / 109

第三节　田野采风，释放天性 / 135

第四节　学科融合，别样课堂 / 148

第五章　童真农民画的美育课堂

第一节　体验与传承 / 175

第二节　记录与分享 / 186

第三节　解构与融合 / 191

第四节　创新与实践 / 199

第六章　童真农民画的教师团队创建

第一节　打造创意无限的教师团队 / 209

第二节　培育美育素质过硬的新时代教师 / 216

第三节　建立一套行之有效的管理办法 / 233

第四节　开展一系列走进田野的采风实践活动 / 237

第七章　童真农民画的课程成果

第一节　访民间 / 245

第二节　忆流年 / 251

第三节　游水乡 / 259

第四节　绘家风 / 264

小结　　 / 272

第一章
农民画综述

　　农民画，是中华民族深具群众基础的一种传统民间艺术，源于中华千百年的文化记忆。它以当地文化为土壤，以反映农民自身生产、生活为旨趣，其独特的绘画方式真实地反映着社会日新月异的变化。一幅幅热情洋溢的画作里，倾注着劳动人民纯真质朴的情感。农民画的创作题材源于乡间，其色彩艳丽奔放，形式新颖有趣，体现着自然与朴素的乡村生活。

　　承载着浓厚的乡土文化的农民画，直到今天仍然具备顽强的生命力。我们可以从农民画作品中，一起见证时代的发展，见证祖国取得的伟大成就，从而以更饱满的热情投入美好家园的建设中。在这些作品中，孩子们可以感受到祖辈留给我们的文化传承和祖先的智慧。它们深深地融入我们的思想与生活中，成为我们人生道路上不可或缺的精神力量。那么，什么样的画才是农民画？它区别于其他画种的本质是什么？它又有哪些艺术特点与文化内涵？就让我们一起走进农民画的世界去探个究竟吧！

第一节
农民画的发展概况

农民画蓬勃兴起，根本原因是其顺应了时代的强烈呼唤，同时也是经济繁荣、民生安定所结出的艺术硕果。它的艺术根须深深地植根于乡村的泥土里，浸润着乡风民俗的阳光、雨水和空气。从20世纪50年代以来，农民画经历了萌芽、成长、成熟发展、多元化发展的历程，在每个时期都发挥了不同的文化作用，呈现出不同的特点。

一、农民画的概念

农民画是通俗画的一种，是从民间和乡土中成长起来的画种。广义的农民画可追溯到人类农耕社会的初期，主要是那些与农民和农耕生活相联系的绘画。这里我们所讲的农民画是指在中国特定历史与社会条件下产生的一种特殊的文化现象。新中国成立初期（1951年），陕西户县（当时名为"鄠县"，今陕西省西安市鄠邑区）首先成立了"户县城关区美术组"，继而普及全县各区，为农民画活动奠定了组织基础。20世纪50年代中期，以河北束鹿（今辛集市）、江苏邳县（今邳州市）、陕西户县为代表的农民为了宣传"大跃进"运动，兴起了大画壁画和张贴画运动，从而在全国范围内掀起了农民画热潮。农民老老少少齐动员，参加壁画和张贴画的创作运动。"农民画"概念被正式提出。它融合了农耕生活文化、民间艺术传统和鲜明的时代主题，乡土气息浓郁，以直观易懂的绘画方式展现了丰富多彩的农村生活和乡土文化。

农民画是以农民、牧民、渔民为创作主体，将传统的剪纸、刺绣、皮影、雕刻、年画、壁画、木版画等古老的民间艺术融会贯通，以其特有的艺术语言，由农民自己制作和自我欣赏的绘画作品。它的形成和发展与中国社会的进程紧密相关。农民画家们用朴实的绘画语言、大红大紫的色彩、夸张化的描述、简洁明快的风格、寓意深刻的主题，生动地记录了中国农村的历史变迁。农民画以其独特的艺术视角、浓厚的生活气息、淳朴的艺术境界，成为现代美术大家庭中独具风格的一员。

艺术源于生活。农民画多是描绘劳动的场景、丰收的景象、节日的欢腾、幸福的家庭等内容，田间水里、花鸟鱼虫、丰收嫁娶、庙会集市、歌舞狂欢等内容尽为农民画创作所用，乡间的"土气"使农民画艺术别有风味。农民画既有儿童般天真的想象力，也具有成年人的成熟、知性与幽默，结构上显得严密而完整，造型往往又会让观者眼花缭乱。表现形式常常看似是情理之中，却又在意料之外，画面中一个物体可以有多个侧面同时出现。正因农民们没有经受过专业的美术训练，他们才能将众多看似矛盾的艺术特征表现在同一幅作品中，使之成为农民画的一大特色。农民画通常表现农民自己的生活和周围熟悉的事物，其中饱含着农民画家对生活的感悟，反映了画家眼中美好的世界，洋溢着幸福的气息。

习近平总书记指出，人民既是历史的创造者，也是历史的见证者；既是历史的"剧中人"，也是历史的"剧作者"。在新时代，人民更需要文艺，才能更好地实现美好生活新期待；文艺也需要人民，创作生产出更多的优秀作品，才能无愧于我们这个伟大民族、伟大时代[1]。农民画充分展示了中国民间艺术的独特光彩；农民画家们用他们手里的画笔，描绘出乡村的新面貌，展现出新时代农民的自豪与喜悦。如今，农民画已经成为乡村

---

[1] 骆献跃：《种文化 农民画里话小康》，浙江人民美术出版社2021年版，序言。

艺术的文化品牌。它不仅仅是农民们的一次艺术实践，更成为美丽乡村的主角、乡村旅游的明信片，是"看得见文化、留得住乡愁、带得动发展"的文化名片，成为乡村振兴路上的一道靓丽风景。

二、农民画的发展历程

中国农民画最早起源于中国陕西户县，逐渐形成了以户县、邳县、金山、嵊县（今嵊州市）、安塞、湟中、东丰、舞阳、益都（今青州）、六合、龙门等为代表的一批农民画乡。这些地方因其独特的地理环境、文化背景、历史沿革以及地方特色而形成了各具特色的农民画风格。这些地方常年涌现出大量的农民画家，他们的创作中展现了对自然、生活和文化的理解和表达。同时，这些地方也因农民画而闻名于世，吸引了大量的国内外游客前来参观，对当地经济的发展产生了不可估量的推动作用。到了20世纪80年代末90年代初，受改革开放的影响，全国掀起了农民画创作的高潮。各地的农村、牧区、渔岛和社区的数十个农民画乡均以自己的方式记录着最广大群众对时代的感受。

我国农民画的发展大致可以总结为以下四个阶段：

（一）萌芽时期

20世纪50年代至60年代是农民画创作的萌芽时期。50年代中期，以河北、江苏、陕西为代表的农民为了宣传"大跃进"运动，兴起了大画壁画和张贴画运动。全国范围内农民老老少少齐动员，参加壁画和张贴画的创作运动，我国掀起了第一次农民画的创作高潮。1957年夏季，邳县陈楼乡农民张友荣为饲养员克扣饲料粮一事，在山墙上蘸锅灰水画了一幅题为《老牛告状》的漫画，这幅揭露、批评克扣饲料粮内容的壁画成为农民画的代表性开端，并迅速在全国推广。1958年，邳县骨干农民画作者达2000多人，形成"村村有壁画"的景象。1958年8月30日，《人民日报》

对邳县农民画做了详细报道，在海内外产生较大影响。1960年8月13日，在中国文学艺术工作者第三次代表大会上，周恩来总理亲切接见了邳县农民画家梁传魁，嘱咐他："你们邳县农民画搞得好，要坚持生产，坚持业余，扩大队伍。"

（二）成长时期

20世纪70年代至80年代，农民画进入探索和成长时期。1966年之后，农民画逐渐从墙上走到了纸上，出现了以户县农民画和阳泉工人画为代表的美术创作。同时，绘画的艺术手法向专业化发展，美术学院的专家开始加入农民画的培训行列中。70年代初期，为加强工农兵美术创作与展览活动，以陕西户县为代表的"写实"型农民画在中国美术馆展出后，又在全国部分城市巡回展出，又一次掀起了农民画的高潮。

1973年国庆节，国务院文化组在北京美术馆举办了户县农民画展览，共展出作品179幅。这次展览结束后，又先后在哈尔滨、合肥、上海、南宁、昆明、乌鲁木齐、太原、西安等城市展出，观众总量达到200多万人次，对之后的全国农村业余美术创作影响深远。"农民画"这一名称应用开来[1]。

（三）成熟发展时期

20世纪80年代初到90年代，农民画的创作进入成熟发展时期，农民画成为区别于国画、油画、版画等的专业画种，彰显出民间艺术的特征。随着改革开放的不断深入，以上海金山为代表的农民画发掘当地民间艺术，吸收民间造型因素，给农民画创作带来了一股全新的现代气息。同时期崛起的还有重庆綦江农民版画。作为农民画中独特的版画艺术，綦江农民版

---

[1] 徐源：《山东农民画》，天津人民美术出版社2021年版，第2页。

画在刻印与色彩上具有创新、随心所欲、涂鸦、原生性和表现意象的特点，有专家称其为中国农民画的"新潮派"。

金山农民画的出现不但推动了全国农民画的兴起，使中国农民画的发展出现了第三次高潮，同时对中国当代美术也产生了一定的影响。至80年代中期，陕西、河北、山东、浙江、贵州、云南等省相继复兴或涌现了农民画创作群体。这些农民画创作群体不仅承袭了中国农民画传统的风格和技法，还在继承中融入了新的文化元素和艺术理念，形成了各具特色的地方性农民画风格。1983年10月下旬，在中国美术馆举办了"全国农民画展览"。该展由文化部和中国美术家协会联合举办，优秀作品集结成《中国农民画》，由人民美术出版社出版。1988年3月，文化部社文局正式命名45个"中国现代民间绘画画乡"，"现代民间绘画"正式被官方认可。在新时期的文艺发展过程中，"农民画"和"现代民间绘画"两个概念可兼用。

（四）多元化发展时期

20世纪90年代至今，随着市场经济的推进，城镇化进程中的农民画创作进入"百花齐放"的多元化发展时期，农民画作者群体逐渐走入社区、走向城市，其文化素质和审美观念也全面提升。农民画的功能定位已经逐渐转变为乡村社区文化产品，审美要求也变得更加符合大众需求。

进入21世纪以来，国家鼓励大力发展文化产业，激发全民文化创造活力，以文化带动相关产业发展，掀起了农民画运动的第四次创作发展高潮。乘此东风，2009年，国家文联、国家美协对农民画产生、发展过程系统梳理筹备，并于2010年7月在浙江美术馆举办了中国农民画优秀作品展览，集中展示了50余年来农民画的形成、发展过程，并出版《农民画时代——全国农民绘画展作品集》《时代画农民——新中国农民题材优秀作品集》《来自画乡的报告——全国农民绘画展文献集》等三本大型文献资料集。国家对农民画的重视使得农民画作者信心大增、创作激情高涨，许多已经改行做生意、打工的农民，又重新拿起了画笔。这门被认为是"基层美术"的艺术形式也开始逐渐走向专业化、市场化的发展道路，并在乡村文化的传承中起到了越来越重要的作用。并且，随着新时期互联网技术的普及，农民画也开始在全国范围内走红，一些知名的农民画作者也逐渐崭露头角。这种发展趋势，不仅让更多的人了解了中国乡村文化的魅力多彩，同时也推动了农民画形式和内容的不断创新和进步。国家对农民画的重视，为这门古老的艺术形式注入了新的生命力和希望，并将为中国文化的发展和传承做出更大的贡献。在作品的创作过程中，许多农民画作者全家总动员，画乡齐发动。创作语言和题材的丰富体现了当代农村文化生活的多样性。水粉画、油画、国画、版画、漆画等多种样式，不拘一格，洒脱自如，呈现出丰富的审美意象。

第二节
农民画的艺术特色

农民画的表现手法有着明显的地域特色。它以大红大紫的色彩、夸张化的造型、寓意深刻的主题、简洁明快的风格勾画出美丽的田园风光、栩栩如生的农家生活、气氛热烈的劳动场面和欢天喜地的节日庆典，充分体现了现代民间艺术的特点。

一、题材丰富

农民画以乡村生活为内容素材，描绘群众喜闻乐见的农村生活场景。那些带有泥土气息的农家院舍、田野风光、孩童趣事，题材广泛，地域符号鲜明、夸张，充满生命的张力。

（一）自然环境

自然景象常常以背景的方式在作品中出现，体现了农民画特有的表现方式。天地、山水、日月星辰在画面中常常诉说着别样的情致。例如，在安塞农民画中，天地多作为画面的背景，并不如实描绘。天空很少是原本的颜色，往往被填上作者觉得相配的颜色，如黑色、绿色甚至红色。除了色彩纷呈之外，天空中往往有喜鹊、蜜蜂等寓意吉祥的小动物。若是夜空，则必有皎月星辰，大地也多伴有作物丰收的意象。正是在这样的天地意象描绘中，反映出人们对自然的认识以及对多彩世界的期待。

（二）节日庆典

在农民画中，传统节日是一个常见的主题，民俗文化在农民生活中的意义非同一般。艺术家们通过画笔，将传统节日的场景和氛围以生动形象的方式展现出来。比如,春节的时候,农民画中常常出现喜气洋洋的场景,人们在家中张灯结彩、祭祖祈福、贴春联、包饺子等;端午节的时候,农民画中常常出现人们包粽子、赛龙舟的情景;中秋节的时候,农民画中常常出现人们赏月、吃月饼、嫦娥奔月等场景;同时,也能在农民画中看到不同民族具有浓厚地域特色的庆典活动,如瑞丽农民画中的傣族泼水节、侗族的黔东南大歌节、彝族的火把节等。这些画作不仅展现了传统节日的庆祝方式和文化内涵,更表达了人们对传统文化的热爱和追求。因此,农民画成为传统节日文化的重要载体,为传承和弘扬传统文化做出了重要贡献。

(三)仪式活动

在农民画中,仪式活动反映了农村生活的方方面面。农民画创作中,仪式活动如结婚、生育、祭祀等,都是乡土风情和传统文化的重要体现,尤其是婚丧嫁娶,也是常见的题材之一。农民画家们通常会从多个角度,以生动的笔触和饱满的色彩表现仪式活动中所涌现的各种情感和场景。他们通过自己的创作和描绘,以色彩斑斓的画面展示出悲欢离合的故事,传递出了人情味、家国情怀、爱情故事等情感元素,也让更多的人了解了中国乡村文化的博大精深。

(四)岁时节气

农民画在表现岁时节气上也有着独特的表现手法,通过各种颜色和画面的布局,表现出中国农民对自然变化的认识和感悟,从而形成了一种特殊的文化符号。二十四节气是中华传统文化中的重要组成部分,往往与古老的农耕文化相呼应。在农民画中,二十四节气往往被表现为人们在田野中劳作、收获、祈祷等一系列场景。例如,在关于立春节气的农民画中常常出现春耕春种的场景,如描绘农民在田间忙碌的情景,或是描绘一些农民在家中准备春节礼品、春联的画面；在关于清明节气的农民画中常常出现扫墓、祭祖等场景，反映了中国传统文化中对祖先的崇敬和感恩之情；在关于夏至节气的农民画中常常出现收割庄稼、晒谷等场景，也有一些农民在田间休息、享受夏日清凉的情景。农民画中对二十四节气的表现，体现了中国农民对于食物、天气、作物等现象的认识和感悟，也是中国传统文化的重要组成部分。

（五）神话传说

中国神话传说丰富多彩，蕴含着深刻的哲学思想和文化内涵，是中国传统文化的重要组成部分。在农民画中，农民画家通过色彩斑斓、恢宏壮观的画面表现出许多著名的神话传说，使这些传说得以广泛流传并深入人心。常见的神话传说故事包括《封神演义》《西游记》等。在农民画中，经典的神话故事与主要人物被展现得栩栩如生，比如《西游记》中的孙悟空、《封神演义》中的姜子牙等等。另外，农民画中也经常出现一些神话人物的形象，如神龙、神牛、神猴等，这些形象都是中国传统文化中非常具有代表性的形象。农民画通过表现神话传说的内容，不仅展现了中国传统文化的丰富内涵，也反映了人们对神话传说的喜爱和崇敬，具有很高的文化和艺术价值。

（六）动、植物

在农民画中，动、植物也是重要的创作元素。比如，农民画中经常可以看到一些动物的形象，如马、牛、羊、鸡等，这些动物在中国农业生产中都扮演着重要的角色，因此在农民画中的描绘也非常生动。另外，农民画中也经常出现一些植物的形象，如梅花、菊花、竹子等，这些植物在中华传统文化中都有着特殊的象征意义，因此在农民画中的描绘也非常细腻。农民画中动、植物的内容，不仅展现了中国传统文化中自然景观和生物多样性的魅力，也反映了人们对自然的热爱和敬畏。

（七）人物

很多农民画作品对于人物的描绘手法也比较独特。农民画家一般不会对每个人物进行细节上的描绘，而只是用简单的线条把人物的外形勾画出来，突出的是人物的数量或其在场景中的作用，画人物只是为了烘托画面的气氛。因此，在以人物为主题的作品中，人物形象往往是群像。

此外，在农民画中，儿童也是常见的绘画题材。因为儿童天性单纯、爱好玩乐，在乡村的田野地头时常能看到儿童嬉戏的场景，斗蛐蛐、捉龙虾、玩泥巴，孩子们玩得不亦乐乎。这样美好的场景再配上周围的田野，使人们对淳朴的农家生活产生无限向往。

二、色彩强烈

色彩本身就是一种文化，是一个民族情感、经验和思想在色彩应用过程中的显现，是对民族传统文化的传承，是人们追求精神情感表达的一种方式。以不同的色彩来表达特定的观念，反映了中国民间美术的传统习俗及审美观念的延续和发展，体现了创作者与受众进行对话的一种文化语言。

农民画的色彩具有强烈的象征性、主观性。所谓"象征"，就是用以代表、体现、表示某种事物的一种物体或符号。重视色彩的象征性在我国历史上有着独特的传统。民间色彩象征意义丰富，依据华夏民族古老的五色观进行组合搭配，在五色（青、黄、赤、白、黑）的观念内涵上，根据需要去突出某一色的主旋律，以达到生存和表达审美的追求。在民间美术创作中，对色彩的文化内涵和象征意义的依托是有口口相传、共同遵守的设色口诀的。如"红靠黄，亮晃晃"，其中虽不乏对色彩的视觉要求，但最根本的还是色彩的寓意性，其用意无非是表现华贵明丽的心理和视觉效果。再如"红红绿绿，图个吉利"这句流传在老百姓中的口头禅，作为一般的民间艺诀，可以说是中国民间美术的色彩特征。"图个吉利"是在传统的民间文化观念下表现出的审美理念，以表达求生、趋利、避害等功利意义为主。在民间，色彩与自然、社会和人生诸方面的观念相关联并被加以比附，它所体现的文化意识是神圣的、善的，因而也是美的。对于这些意义，中国民众往往朴素地将其概括为"吉利""祥瑞""如意"等等。"红红绿绿"是色彩的视觉观感，是一种积极的、热烈的视觉心理反应，同时也是吉祥、喜庆的象征性语言。大量的农民画作品都反映了这种红火热闹的色彩气氛和心理意愿。

农民画色彩运用补色、高纯度的色相对比原则，这是农民画色彩选择的主要倾向。民众往往喜爱有一定纯度的色相。不同程度的色相对比，可以满足人们对色相感的不同要求。我国历史上的传统色彩调配形式中，运用色相对比是最常见的方法之一，其中补色对比在民间美术中的应用尤为广泛。民间美术的色彩搭配体现着朦胧的补色感知，极力显示对比色特有的张力和刺激性。当然，民间美术的色彩在表现夸张刺激、鲜艳夺目效果的同时，也非常注重色彩的统一和谐。所谓"光有大红大绿不算好，黄能托色少不了"，就表露了追求统一的色彩意识。

三、造型特别

农民画作为一种民间艺术形式，具有与传统的绘画、雕塑等艺术形式不同的独特造型。农民画家主要依靠自己的直觉和创造力，通过艺术手法表现其内心的情感和体验，让作品与生活紧密联系在一起。其图案造型丰富多样、色彩鲜明、笔浓彩重，构图随意奔放、拙中藏巧。

农民画具有夸张、大胆的造型特点。它强调人与自然的密切关系，带有浓郁的乡土气息和淳朴、真实、乐观向上的感情色彩，是人们劳动生活中最质朴的艺术思想和艺术语言的体现。农民画的图形样式虽然有时有逻辑方面的"荒谬",但是它具有象征性、不可言喻性、情感性等特点,通过运用联想、想象、比喻、象征、抽象、借代、夸张、变形、诙谐、幽默等手段,创造出极具个性、丰富多样的生活新形象,具有独特的视觉效果。农民画的人物形象打破了时空、环境的限制,运用平面化的造型方法和吉祥寓意的造型语言深入物象本质,这使得农民画有着一种不可言说的生机和活力。

中国画发展历史悠久,大师群星灿烂,经过漫长的岁月给后人留下了丰厚的艺术宝库。这些经典作品也为农民画的发展提供了可借鉴的范例。比如农民画中的平面性、装饰性、不拘透视等就是中国画传统精髓的具体体现,传统造型中的装饰纹样、工艺美术中的图案等也为农民画的造型语言提供了借鉴和参考。

第三节
农民画的文化内涵

文化内涵包括物质文化、制度文化和心理文化三个方面。物质文化是指人类创造的物质文明，包括交通工具、服饰、日常用品等，它是一种可见的显性文化；制度文化和心理文化分别指生活制度、家庭制度、社会制度以及思维方式、宗教信仰、审美情趣，它们属于不可见的隐性文化[1]。

农民画是一种显性文化特征和隐形文化特征都相当明显的艺术形式。作为当代文化的载体，农民画无疑有着深刻的文化内涵。从20世纪50年代"一手拿锄头，一手执画笔"的创作热情，举国上下兴起的壁画热潮，到如今体现社会主义新农村特色的"农民画之乡""壁画村"宣传，农民画不仅紧紧附丽于物质文明上，还随着物质文化发展而不断演化，直观而热烈地体现着不同时代的民风民俗、生活方式，更是旗帜鲜明地传达着社会主义先进文化的口号。

一、农民画对传统农业文化的体现和传承

中华传统文化是中华民族智慧和创造力的结晶，其中对农业文化的表达，更是数千年绵延不断。从新石器时代内蒙古阴山岩画中的走兽，到新石器时代河姆渡文化陶器上的游鱼，再到汉代画像砖上驭牛耕地、采桑养蚕的古人，我们祖先的渔猎农耕文明从肇始之日起，就以绘画的形式留存在人们的生活空间里。现代农民画的重要母题之一，便是对传

---

[1] 全晓松：《新媒体文化与大学生思想教育研究》，九州出版社2018年版，第12页。

统农业文化的体现和传承。

农民画在农业文化中的取材主要归纳为以下三点：

一是劳动场景。农村劳动场景是农民画中常见的主题，也是农业文化最本质的体现。在农民画家们的笔下，耕地、薅草、打井、割麦、纺织、洗布、晒辣子、采茶、捕鱼等劳动场景得以重现，劳动中的农民或勤恳，或专心，呈现了热火朝天的劳动场景（见图1-1）。农民作为农业文化的主体，既是农民画的创造者，又是创造者的灵感来源和观察对象。

图1-1 "户县农民画"特种邮票

二是乡土风景。可以说，乡土风景奠定了一幅农民画的风格基调。中华大地幅员辽阔，东西南北不同的景致在农民画中得到体现，农民画家们纷纷通过对家乡景色的观察和描绘，传达了对一方风景的热爱之情。吉林东丰与上海金山、陕西户县并称为我国三大农民画之乡。透过这三地农民画对东北、东南、西北不同乡土风景的描绘，我们可以很明显地感受到不同地理特征、乡土风景给农民画带来的影响。如金山农民画《摇到外婆桥》（见图1-2）中，荷花、白鹅、弯曲的河道、飞鸟掠过的稻田、人字形房顶、院子中的扎染布等元素，都无声地暗示着这是一幅江南水乡场景。

图1-2　上海金山农民画《摇到外婆桥》（作者：季芳；金山博物馆藏）

三是民风民俗。长久传承的农耕文明和地域文化，使得农民画中的民风民俗各有特色，反映传统节庆、民俗活动，充满人情味的农民画也层出不穷。如八卦洲中心小学（以下简称"洲小"）的"小小农民画"特色项目中，取材于鹂岛街道下坝村、上坝村等地农村生活的"鹂岛印象"组画中，村庄之间端午龙舟竞渡的场景（见图1-3）就呈现了八卦洲江中绿岛特有的民风民俗。

图 1-3 "洲小""鸬岛印象"组画之一

农民画对传统农业文化的体现是热烈、质朴又直白的，不论是西北或关东，还是江南或中原，农民画的欣赏者们总能一眼辨认出画面中不同的乡土风景和民风民俗。风采各异的农民画汇聚，如同大观园一般。农民画本身便为传统农业文化的传承展现了力量。

值得一提的是，农民画的载体最初并不是画纸，而是墙壁、山崖、灶头、谷仓，这不仅是农民画的功能性的体现，更让农民画生来就带有热烈直白、直抒胸臆的艺术特色，故能形成"农民画之乡""壁画村"等场域，进而集中体现一个乡村乃至整个地区的文化特色。

二、农民画对农民精神家园的描摹和塑造

"精神家园"是一个比喻性的说法，表达的是人在精神文化层面的追求，是人的心灵的最终归宿。与精神家园关系最为密切的是文化上的认同。

---

[1] 王亭亭：《文化礼堂与农民精神家园构建研究》，杭州师范大学硕士学位论文，2017年。

因此，我国的精神家园建设始终是在文化建设的过程中进行的[1]。农民的精神家园建立在农村文化之上。

从古到今，农村的公共活动与公共事务一直较为丰富，其合作意识与集体精神相对旺盛，具体体现在农村文化中浓厚的乡邻之情——日常的邻里守望。这不仅是一种道德伦理要求，更是村民精神与实际生存的需要。人们协作劳动、守望相助、和谐相处的场景在农民画中占据着一席之地（见图1-4）。

图1-4 "洲小""鹬岛印象"组画之二

农村的家庭结构较为稳固，宗族观念在农村家庭中影响深远，农民对家族、家庭的理解，在农民画中也有体现。以陕西户县农民画《吉日》为例（见图1-5），画面展现了一位农村女性在丈夫陪同下回娘家的生活场景。画面背景中天高云淡、燕子翩飞、柳叶吐翠、谷物结穗，近景中牛、羊、鸡、驴等家禽家畜神气活现，女性怀抱婴儿，夫妻对望，展开了一幅富有地方民俗特色的农村场景图。五谷丰登、六畜兴旺、妻儿相伴，这是农民心中和谐理想的家庭风貌。

图 1-5　2004 年全国农民画联展金奖作品：户县农民画《吉日》（作者：王文吉）

农民崇尚劳动、热爱劳动，持有不怕吃苦、辛勤劳动、诚实劳动的劳动精神。在农民画中，少见颓唐、懒惰、干瘦的人物形象，取而代之的是精力充沛、勤劳勇敢、体魄强健的劳动人物。农民总是希望丰收，农民画家的画总是让人感受到丰收的喜悦。这是农民共同的、基本的感情，在他们创作的艺术作品中，用满圈的牲畜、满仓的谷物、满船的渔获等丰满的构图表现出来（见图1-6）。

近年来，随着我国社会经济的迅猛发展，农村发生了翻天覆地的变化，新时期农村的富足安乐的生活就成了农民画创作中广泛使用的素材。农民画对农村生活场景的体现，不仅是农民心中美好的憧憬，同时也是现实的表述；与此同时，当前农民精神丧失、农村文化失落、农村社会趋于零散化等现象也屡屡出现，农民画折射出的是农民的审美理想、文化情趣，具有认识、教育和审美功能，具有建立农民主体意识和重塑农民精神家园的美育作用。

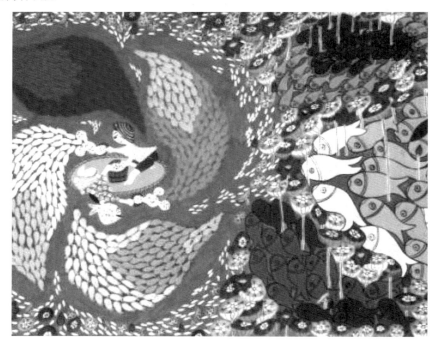

图1-6 六合农民画《盛世和美 年年有余》（作者：张国良）

中国古代村落具有很强的连续性，是中国历史上最为持久、最为稳定的社会单元与聚落单元，也是中华五千年文明绵延不绝的重要基点和基本构成[1]。如今，农村这片土地仍在为农民画艺术的兴盛和发展乃至社会主义先进文化的赓续流传持续提供丰厚的土壤。

三、农民画对社会主义先进文化的宣教和发扬

社会主义先进文化是中华民族精神和时代精神的有机结合，蕴含着中华优秀传统文化基因，建基于马克思主义立场观点方法和革命文化的基本精神。农民画能够一目了然地宣传社会主义先进文化，是提高人民群众的文化素养的有效途径，这是其他宣传形式无法代替的。

---

[1] 马新：《论中国古代村落的基本特征》，载《理论学刊》2022年第4期，第142-152页。

在社会主义新农村建设进程中，现实题材、写实手法的农民画不断涌现。如"时代画农民·农民画时代"全国百县农民绘画展金奖作品《快乐老家》（见图1-7）中，作者描绘了农民为减免农业税政策欢欣鼓舞的生活场景，呈现了农村生活蒸蒸日上的欢喜场面。

图1-7　快乐农家（作者：吕延春）

"洲小"单文静同学的"小小农民画"《绿水青山》（见图1-8），将"绿水青山就是金山银山"的理念落实到农村少先队员扶树苗、执铁锹、拎水桶的稚嫩双手中，具有清新朴素的精神力量。

如今，农民画因丰富多样的艺术表现形式、深厚的民俗文化内涵深受人民大众喜爱。它真实地反映了社会主义日新月异的新农村、新气象，自然风貌与淳朴民风、人与自然的融合发展，激发更多的人以饱满的热情建设美好家园。农民画在群众文化宣传中有着重要的作用，已经成为乡村文化传播的主要力量之一。

今天，在倡导民族优秀文化的继承弘扬，推动社会主义先进文化发展繁荣的时代背景下,我们应以高度的文化自觉和文化自信,发扬农民画在文化宣传中的作用和重大意义。

图 1-8 绿水青山(作者:单文静)

第四节
农民画之美丽乡村

自 20 世纪 50 年代以来,我国农民画不断发展、壮大。全国各地有数以百计的农民画乡,每一个都有独特的绘画风格,多地农民画被文化部/文化和旅游部评为国家级非物质文化遗产代表性项目,深受广大艺术爱好者的喜爱和追捧。其中陕西省西安市鄠邑区、吉林省东丰县、山东省青州市、山东省日照市、青海省西宁市湟中区、陕西省延安市安塞区、江苏省邳州市、上海市金山区等地的农民画乡,是当前农民画创作比较丰富、发展较好的代表乡。

一、陕西户县农民画

户县农民画兴起于 20 世纪 50 年代末,发展于 60—70 年代,兴盛于 80 年代,成熟于 90 年代。绝大多数作品以生动鲜活的农村生产、生活画面,激发农民群众对美好生活的向往、对家乡自然风光的热爱。

户县(今西安鄠邑区)位于陕西关中平原中部,南依秦岭,北临渭水。由于地理环境相对优越,雨量充沛,麦棉两熟,资源丰富,被誉为"银户县"。史称其"民风淳厚""好稼穑,务本业""有三代遗风"(清顾炎武语)[1]。

户县农民画带有鲜明的时代烙印。户县农民群众把传统的剪纸、刺绣、木版年画等这些用于炕围、灶台等生活装饰的民间绘画艺术形态,扩而大之并转移至户外的大幅墙面之上,绘制极具时代特色的作品,无

---

[1] 段景礼:《户县农民画研究》,西安出版社 2010 年版,第 2 页。

疑是一种形式创新与内容的再创造。虽然受当时社会背景影响，画的内容较为浮夸，但其中所流露出的劳动人民天真、质朴的乐观主义精神，带有民间文化的真挚、刚健气息。这些初期的户县农民画是劳动者与天奋斗、与地奋斗的颂歌，是劳动阶层为自己树立的生活纪念碑，也是他们对于理想境界中的社会主义、共产主义的期盼。因此，无论是从作者主体、画作目的，还是从作画过程、内容与形式等方面来进行分析，户县农民画都是民间绘画艺术的独特形态，是对民族历史文化传统的继承和发展。1988年，文化部命名户县为全国首批"中国现代民间绘画之乡"；2008年及2014年，文化部先后两次命名西安户县/鄠邑区为"中国民间艺术之乡（农民画）"。多年来，户县农民画共有1200余件在国内外获奖，600余件被国家和地方美术馆收藏，2500余件在国内外报刊发表，9000余件在美、英、法、德、日等68个国家和地区展出，数万件被国际友人和国外博物馆收藏，鄠邑区也因此被许多人誉为"中国第一画乡"。

户县农民画的表现手法地域痕迹明显。从形式上讲，当时的农民画以"写实"为主要特征，由于农民本身民间文化的积淀，其作品大都带有一股民间乡土艺术的清风，创作手法以夸张变形、对比强烈、浪漫稚拙、构图饱满为主要特点。从色彩的角度来看，大都以大红大紫为主色，描述奇特夸张化，主题寓意深邃，风格简洁明快。从内容的角度来看，关中平原美丽的田园风光、多彩的农家生活、壮观的劳动场面和喜气洋洋的节日庆典场面均包罗其中，充分体现了现代民间艺术的特点。

二、上海金山农民画

金山农民画是上海金山县（1997年撤县改为金山区）农民在20世纪70年代中期创新的民间艺术。它将民间刺绣、剪纸、印染、灶壁画等传统民间艺术巧妙地运用到绘画中，构思大胆，色彩明快，具有江南水乡独特风韵，在国内外享有盛誉。

金山农民画和其他省市农民画一样，早在 20 世纪 50 年代中期已经起步。1974 年户县农民画到上海展览，掀起了上海郊县的农民画创作热潮。从当年 4 月开始，金山县文化馆举办了数期美术培训班（当时叫"农民画学习班"），参加者为有一定文化、接受能力较强的青年农民和下乡知青。1977 年，金山县文化馆的美术老师吴彤章和阮章云来到枫泾中洪村，发现当地农民家中有很多精心保存下来的刺绣、剪纸等传统民间艺术作品。这些作品光彩夺目、技艺精湛，特别是曹金英所绣的鱼、鸟、花、虫、人物等，从完整的形象出发进行夸张变形，突出物体的特征，配色不受自然局限，构图不分远近，富有装饰效果。他们从中受到启发，决定从丰富多彩的刺绣、挑花、剪纸、灶头壁画、蓝印花布、泥塑、木雕、砖刻等民间艺术中吸取艺术营养，并将之运用到农民画的创作中去。于是，他们物色了一批能织善绣的农村妇女参加农民画学习班并加以引导，激发她们潜在的创作欲望和生活中长期积累的审美体验。在这一批人中，阮四娣、曹金英、陈芙蓉和曹秀文等后来都成为金山农民画家群体里的佼佼者。

进入 80 年代后，金山农民画在艺术的领域里更是成绩斐然，作品从金山跨出国门，走向世界。1980 年 5 月，金山农民画在中国美术馆首展，大获成功。之后，金山农民画先后有数千幅作品远赴欧、美、亚、大洋洲的十几个国家展览，均受到观众的欢迎[1]。1988 年，金山县被文化部命名为"中国现代民间绘画画乡"；2006 年，金山区被中国民间文艺家协会授予"中国农民画之乡"称号；2008—2023 年，金山区连续五次被文化部/文化和旅游部命名为"中国民间文化艺术之乡"。

---

[1] 郑士有、奚吉平：《中国农民画考察》，上海人民出版社 2014 年版，第 3 页。

金山农民画作为一种现代民间绘画样态出现，并在发展过程中逐渐形成了自身独特的艺术风格与特色。在内容上，它是对农村各种生活题材的直接反映，表达了农民的生活体验、情感和审美趣味；在形象塑造上，重夸张、讲变形，注重形体动态在画面上的艺术表现力，构图饱满、多视点，用散点透视与形象的平面分布把所视之物平面展开；在色彩运用上，对比鲜明，运用大色块，并追求在对比中求得和谐统一的效果。

金山地区河网密布，有大小河流200余条，是典型的江南水乡，因而金山农民画中十之七八都有河水在画面中流淌，小桥流水美不胜收。无论是喜庆的红、轻快的绿，还是丰收的蓝，河流始终是金山人生活的基本旋律。吴越文化是历史文化的一部分，在2000多年的历史进程中，金山人创造并形成了极具地区特色的民情风俗。金山的风土人情、岁时节日，金山人的人生礼仪、日常生活等，都是金山农民画的主题。同时，金山有着悠久的种植历史，农业生产活动丰富，盛产瓜果蔬菜，因此水果丰收、蔬菜上市、菜地、果园都是金山的农民画家们喜爱描摹的场景。

进入21世纪，随着金山农民画的市场化和中国农村城镇化进程的展开，大量勇于突破和创新的青年农民画家以自身的创作实践不断地对已有的农民画观念提出挑战。他们有的掌握了专业绘画技巧，将国画、水墨画甚至西方的绘画技法引入农民画的创作中，有的逐渐突破原有的题材限制，将老一辈农民画家投向传统乡土生活的眼光转向都市的现代文明（见图1-9），从而使金山农民画的创作风格和艺术特色发生了重大转变。由此，金山农民画的发展进入多元化阶段[1]。

---

[1] 郑士有、奚吉平：《中国农民画考察》，上海人民出版社2014年版，第4页。

图 1-9　金山农民画作品《和谐城乡》（作者：王阿妮）

三、山东日照农民画

山东日照地处沿海，依山傍水，民生富庶，文化艺术繁荣，陆海交通发达，历史上是"海上丝绸之路"的重要枢纽。深厚的历史文化和现代文明的碰撞，构成了日照农民画传承和发展的生态环境。日照的特殊地理位置导致其具有农耕文明和海洋文明两种不同的文化，这些都为农民画家的创作提供了大量素材，尤其是海洋文化的融入，成为日照农民画区别于其他地区农民画作的典型特点。

日照农民画是对日照抹画的继承和发展。日照抹画历史悠久，明清时期被大量应用于器物、门帘、楼宇装饰上。中华人民共和国成立初期，日照抹画逐渐发展丰富，以新的内容与形式普及并发展。特别是"大跃进"

时期，农民为了配合政府宣传、发展生产，农闲时在大街、小巷、船头、炕头、中堂到处都涂画表现新时代生活内容的画面，这进一步促进了这一民间绘画艺术的普及。日照农民画继承并发展了日照抹画艺术。它是农民画家反映生活、抒发主观感情和审美情趣的绘画艺术，表现的内容多为农村民俗风情、渔家生活，形成了构图饱满、色彩艳丽、质朴率真的特点。

20世纪80年代，随着改革开放的不断深入，农民画作者的思想得到解放，他们充满激情地用画笔表现自己的生活。这一时期的农民画生活气息浓厚、色彩艳丽、线条粗壮、构图饱满，具有新时代民风民俗特点，创造发展了日照农民画自己的风格。1988年，日照市被文化部命名为首批"中国现代民间绘画之乡"。

进入21世纪以来，日照农民画用艺术精品化的要求辅导创作，广泛吸收日照抹画、剪纸、木版年画及现代前卫绘画的特点，充分发挥个人绘画技能的特长，使日照农民画现代民俗生活特点更加突出，艺术形式更加质朴、率真、丰富，理论研究与现实创作同步发展。

日照农民画在长期的传承、发展、创造中，由于个人传承的地域差别，形成陆地质朴、海上梦幻的风格。类别有海上渔民风情画、陆上民俗风情画、历史传统画。海上渔民绘画为日照本土绘画，内容以海上民俗风情为主，通过农民画家的画笔，反映渔家耕海牧渔的幸福生活（见图1-10）。陆上民俗风情画系在民间抹画的基础上吸收海上渔民绘画的某些特征，并与剪纸、木版年画等民俗风情画的艺术特质融合而成，内容以农家民俗风情生活为主，具有本土性特点，展示了农民作者热爱生活、崇尚艺术的风貌[1]。

---

[1] 郑玉霞：《遗韵采撷：日照市首批非物质文化遗产名录专辑》，山东大学出版社2008年版，第17-18页。

图 1-10　日照农民画作品《大蓬歌》（作者：傅承峰）

四、陕西安塞农民画

作为农民画，安塞农民画起步不算早，但它却凭借自己独特的地域风情和艺术气质征服了不少专业人士。1979 年至 1983 年是安塞农民画的起步阶段，1984 年至 1988 年是安塞农民画迅猛发展和突破的阶段。安塞农民画是对剪纸、刺绣艺术的延伸，它起源并流行于民间，一般用于炕围画、锅围画、箱柜画等。1988 年，安塞被文化部命名为"现代民间绘画之乡"。

安塞地处陕北黄土高原腹地。祖辈在这块黄土地上繁衍生息的安塞人，每天接触到的是供自己住宿的窑洞、使役犁牛以及田野里五颜六色的物体。这些生活中最熟悉的颜色，便成了农民画着色的源泉。所以，安塞农民画多以原色为着色的最佳颜色，画家们喜欢用和黄土色泽接近的金色来彩绘，气势雄浑，想象大胆。

安塞民间绘画是在吸收陕北民间剪纸、刺绣、布玩等艺术形式和表现方法的基础上发展起来的。作者以农村妇女为主体。她们有着深厚的民间艺术功底，经与专业画家共同挖掘探讨，将当地民间艺术独特的构思、造型、设色、审美情趣和文化民俗内涵融汇于现代民间绘画的创作之中，在形式、技巧、内容、意境方面形成了独特的风格。

安塞农民画注重情、意、神，不求形似，线条抽象、夸张、简练、浪漫，刚柔相济、虚实相间，苍劲厚润、粗犷细腻，古朴中有现代，浓烈而不失典雅、浪漫而不失沉稳，生动到极致，别致到极致（见图1-11）。

图 1-11　安塞农民画作品《十二生肖》（作者：曹佃祥）

安塞的民间艺术家们正是以他们特有的眼力和手法，多角度地观察、表现丰富的生活和陕北黄土高原发生的变化，才使得我们品味到陕北人民对自己土地的热恋之情、善良淳朴且根深蒂固的乡风民情，以及面对现代文明时积极的参与意识[1]。

---

[1]《全景延安》编委会：《腰鼓之乡：安塞县》，朝华出版社 2008 年版，第 137 页。

第二章 童真农民画的脉络解析

"美"是人类数千年文明的永恒追求,关于"美"的教育,是人类文明传承的重要方式。美育是一个具有历史性的概念:18世纪德国美学家席勒第一次在美学史上提出"美育"概念;20世纪20年代,时任教育总长的蔡元培力倡美育,指出美育是人格全面发展教育中的组成部分,他提出了以道德教育为中心,以美感教育为津梁,以世界观教育为终极的教育思想体系[1];陶行知先生始终把审美教育作为人的全面发展的内容之一,他提出"教育的目标为:健康的体力;劳动的身手;科学的头脑;艺术的兴趣;团结自治的精神"[2]。进入新时代,美育日益受到重视,1987年,教育理论家滕纯提出了"大美育"的概念,认为"在所有的课程中,在一切的教育教学生活中,在青少年的全部生活中,都有美育的因素,可以说美育是无时不在,无处不在"。

---

[1] 潘懋元:《潘懋元文集 卷四·历史与比较研究》,广东高等教育出版社2020年版,第99页。
[2] 朱志仁、徐志辉:《陶行知生活教育理论简明教程》,东北师范大学出版社2015年版,第49页。

美育指向人的全面发展，而非仅仅是关于艺术的教育。国务院办公厅发布的《关于全面加强和改进学校美育工作的意见》中指出："美育是审美教育，也是情操教育和心灵教育，不仅能提升人的审美素养，还能潜移默化地影响人的情感、趣味、气质、胸襟，激励人的精神，温润人的心灵。"然而，实践证明，要实施美育，与其对孩子大讲美的概念、美的理论等知识，不如让他们投入具有美感的课程中去，在教学活动中去体验、去品味、去领悟……

于是，一个创建"'童真田野'美育浸润基地"的想法应运而生。基于"儿童发展"共同的育人目标，南京7所学校组成了"民俗美育浸润课程基地共同体"，并以课程、活动、课题三个方面为抓手，让"美育"成为联结、贯通、融合其他四育的主线，成为五育并举、综合育人的强大推力，致力于每一个孩子审美能力的养成、禀赋的发挥、个性的舒展和生命的绽放。作为牵头学校，"洲小"率先开展"童真田野"美育研究，立足学校的美育品牌项目"小小农民画"，创建了"童真农民画"美育课程体系，引导儿童进入田野，融入生活，深入社会，在丰富的文化情境中、在优秀的传统艺术里汲取营养，培养关键能力，锤炼必备品格。

第一节
童真农民画的时代背景

农民画作为一种独特的艺术形式,蕴含着浓厚的地域特色和乡土情怀,真实地反映出一个时期特有的时代特色和文化氛围,也承载和表现了时代发展的脉络与进程。"童真农民画"美育课程从儿童的天性出发,立足儿童意愿,并结合当下建设美丽乡村、实施乡村振兴战略部署,充分发挥八卦洲地区的资源优势,既丰富了现有的美育课程体系,又可以唤起人民的乡土记忆,更好地让人了解传统文化、学习传统文化,弘扬传统文化,培养优秀的乡土人才。

一、基于新时代美育的新使命

自古以来,中国便有着"以美立德"的传统审美教化思想,将完整的人格培育和提高人生修养作为美育的实质内核和目标。而在过去很长的一段时间内,人们对美育的认识逐渐弱化,而把应试的分数作为重中之重,艺术教育被边缘化。随着社会主要矛盾的转变,新时代美育使命迎来了重要转折,党的十九大报告中指出:"我国社会主要矛盾已经转化为人民日益增长的美好生活需要和不平衡不充分的发展之间的矛盾。"习近平总书记指出:"人民对美好生活的向往,就是我们的奋斗目标。"就此,美育开启了新篇章。作为"五育并举"的重要一环,美育不仅是传授知识的教育,也是引导学生了解美的含义,理解美的价值,传递美的世界观、人生观、价值观,激发创造意识,培育创新理念的教育。促进落实科教兴国战略、人才强国战略、创新驱动发展战略,促进高质量创新发展,成为新时代美育的新使命。

近10年来，国家高度重视学校美育工作，作出了一系列重大决策部署，逐渐在全社会形成了重视和发展美育的大格局。党的十九大报告指出，要"培养德智体美全面发展的社会主义建设者和接班人"。在全国教育大会上，习近平总书记对学校美育工作提出了明确要求："要全面加强和改进学校美育，坚持以美育人、以文化人，提高学生审美和人文素养。"2018年，习近平总书记给中央美术学院老教授回信时强调："做好美育工作，要坚持立德树人，扎根时代生活，遵循美育特点，弘扬中华美育精神，让祖国青年一代身心都健康成长。"2020年，《关于全面加强和改进新时代学校美育工作的意见》中指出："要把美育纳入各级各类学校人才培养全过程，贯穿学校教育各学段，培养德智体美劳全面发展的社会主义建设者和接班人。到2022年，学校美育取得突破性进展，美育课程全面开齐开足，教育教学改革成效显著，资源配置不断优化，评价体系逐步健全，管理机制更加完善，育人成效显著增强，学生审美和人文素养明显提升。到2035年，基本形成全覆盖、多样化、高质量的具有中国特色的现代化学校美育体系。"2020年，中共中央、国务院《深化新时代教育评价改革总体方案》指出："改进美育评价。把中小学生学习音乐、美术、书法等艺术类课程以及参与学校组织的艺术实践活动情况纳入学业要求，促进学生形成艺术爱好、增强艺术素养，全面提升学生感受美、表现美、鉴赏美、创造美的能力。"

当今，我们正处于一个物资充足、科技发达、审美和艺术价值在个人及社会发展中日益凸显的时代。基于时代的高速发展，我们普及和推广美育，不是为了培养少数的艺术家，而是为了让我们的生活有更多的艺术美感，也让艺术更多地走进大众的生活，真正满足人民日益增长的美好生活需要。我们要让"美"成为每个孩子成长的底色，真正让美育回归到以美育人、以美化人、以美培元的育人正轨。

二、基于促进新一代全面发展的新要求

美育的核心是育人，坚持以美育人、以文化人，以润物无声的方式启迪思想、温润心灵，是"面向人人的教育"。中共中央颁发的《中国教育改革的发展纲要》明确指出美育对提升核心素养的独特性，着重强调美育对于培养学生健康的审美观念和审美能力、陶冶高尚的道德情操、培养全面人才的重要作用。"美育之于人的自由而全面发展，举足轻重。其中有三方面缘由：首先，认识、理解和创造美的能力是人发展所需的一项重要能力，美育所培养的审美方面的素质，是各种素质中最基本的一项。我国历来强调德智体美劳全面发展，美育独当一面，承担着美的部分，是全面发展不可缺少的一面。其次，美育与其他教育相辅相成，相互渗透和促进。在发展美育的同时可以促进、影响人的其他方面诸如智育、德育和劳动教育的发展。美的素质和其他素质本身存在有机联系，需要合力作用，不可分割，因而美育不容受到单独忽视。最后，美育对人的自由和全面发展还有其独有的意义。美育与人的情绪体验以及内心世界有着紧密的联系，艺术的学习和美感经验是人类最精妙的行为和感觉，美育可以提升人们的艺术学习能力，更重要的是它还能运用美感经验发展人的内心世界。从这个意义上讲，美育在促进人的全面发展的同时，也能赋予人更多的自由，这种人发展的自由包含着精神世界的自由和现实选择的自由两个层面，因为它能影响人将物质与精神相沟通，将谋生之道与生活之法相结合。"[1] 换句话说，即"美"不仅是孩子们认识世界的外在显现，更重要的是生命内在素质的展现，让孩子们通过美的体验去学会如何拥有发现美的眼睛，

---

[1] 彭富春、陈晓娟：《美育研究 第1辑》，华中师范大学出版社2020年版，第28页。

如何拥有聆听美的耳朵，如何拥有感悟美的内心，如何以更加诗意的方式度过美好的人生，如何用自己的大脑和双手创造美好的世界。怎样利用好美育的特有育人功效，从而更好地促进少年儿童的健康成长，使他们能够健康和谐地发展自己的完整生命和各方面的才能，培养他们拥有卓越的创造能力和丰富的审美体验，正成为美育的理论研究者和美育实践工作者关注的重要课题。

三、基于解决美育课程落地的新路径

尽管学校在加强美育的实施方面做出了种种努力，但由于传统观念和应试教育缺陷等限制，许多学校的美育工作仍然存在一些问题。第一，认识上的误区。很多学校往往直接将美育等同于德育。毋庸置疑，美育的核心是育人，美育促进学生道德的发展，但美育不是一般意义上的德育，而是通过感性、生动的途径，以喜闻乐见的形式实施德育。因而，美育不能等同于德育。同时，一些学校在教学中常常误把德育作为学习美育唯一的途径，把学生的道德发展直接等同于审美发展。第二，将美育等同于艺术技能。从整体上看，当前许多学校的美育并没有显示出美育的本质，而是一味地教导学生学习专业艺术技能，教育知识与技能化倾向十分明显。对待美育，不能仅仅把它看成"美术、舞蹈、乐器"这些技能培训，不是只有艺术教育才是美育，德智体美劳，任何一个领域都有美育，也都能培育出学生的审美能力。第三，美育课程与教学体系不完善。一方面，从美育课程的开发和建设方面来看，许多学校美育课程的形式较为单一，教学内容陈旧，创新度较低，学生在课程中能吸收到的养分较少。许多规模性的美育活动、美育课程的开发依然只停留在课程表上。另一方面，从美育课程的落实方面来看，很多学校尤其是农村学校开设量少甚至被其他主要学科挤占的现象非常普遍。第四，教师对美育的重视程度不足。随着素质教

育的推进，教师的审美素质成为学校美育落实的关键因素，因此在培养学生的审美素质之前，更应该提高教师的审美素质。实际教学中，许多教师混淆了美育与艺术教育，认为美育就是音乐、美术等艺术课程；相当多的教师把美育等同于艺术教育，忽略了在其他人文学科与自然学科中融入美育思想；更多的教师将美育等同于理论知识的学习，而对大自然与校园环境的美却视而不见，原本应该给学生带来无限快乐的美育课程从此变成了知识的堆砌。

色彩浓烈、淳朴率真的农民画，来源于热火朝天的乡村生活，反映了农民们实实在在的幸福心声，这是人民群众喜闻乐见的绘画艺术，也表达了人们对美好生活的向往，有着健康向上的教育意义。农民画中表现的生活美和精神美能够给广大人民带来愉悦和希望，在新时代加强基层公共文化体系建设、丰富农民的精神文化生活、实施乡村振兴战略中占有十分重要的地位和作用。

"童真农民画"以民俗艺术为基础，积极健康、向上向善，引导学生感知传统"美"的文化样态，让美不局限于满足造型、色彩等美术语言对视觉的冲击，更注重渗透中国美学思想。这里既有绿水青山的自然美，又有"采菊东篱下"的生活美，还有"汗滴禾下土"的劳作美，更有"成家种善根"的内在美。通过构建"童真农民画"美育课程，深化新时代美育课程改革，创新实施路径，丰富活动内涵，打造特色品牌，引导学生进入田野、融入生活、深入社会，在丰富的文化情境中、在优秀的传统艺术里汲取营养，培养关键能力，锤炼必备品格。在艺术学习的过程中各美其美，美美与共，用艺术为学生打好人生的底色，引领孩子们逐渐成长为自信应对未来挑战的成熟人才。

第二节
童真农民画的乡土传承

文化传承的根本要从娃娃抓起,传统文化进校园成为学校教育的重要命题之一。保护和传承本土具有地域特色的民间艺术是每一位艺术工作者不可推卸的教育责任。童真农民画为学生提供生动有趣、丰富多彩的民间传统艺术载体,通过多种形式、不同渠道的渗透,让学生"走近艺术,感受艺术",使学生在乡土艺术活动中参与、体验,形成对家乡民间传统艺术的认同、热爱和对多元文化的尊重。童真农民画的课程构建围绕乡村儿童的发展展开,不仅要关注乡村儿童必备品格的培养,也要关注乡村儿童关键能力的习得,让"文化自信"更有底气,既内在丰盈,又自由展现。

一、彰显八卦洲乡土文化的亮丽名片

八卦洲是长江中的第三大岛,因为整个岛形似八卦,故被称为八卦洲。江中绿岛和冲积平原的属性使得八卦洲土壤肥沃、气候湿润,特别适合农作物生长,因此,八卦洲虽然身处城市,却依然保持着农业经济占主导地位的自然田园特色,有着"江中绿岛"之称,可谓是南京城市中的"世外桃源"。

环八卦洲的沿江滩涂属原生湿地风貌,具有典型的生物多样性特征。白鹭、野鸭等水禽在其间自由生长,洲上时有野兔、野鸡、刺猬、蛇蟒出没,常见的鸟类有斑鸠、画眉、八哥、红嘴燕雀、灰喜鹊、大雁等,如果运气好,在环洲的长江水面上还能见到江豚出没。

作为江苏省最大的"野八鲜"生产基地,八卦洲自然条件优越,芦蒿、

荠菜、马兰头、菊花脑、苜蓿头、枸杞头、荴儿菜、豌豆叶等野菜应有尽有，它更被称为"中国芦蒿第一乡"。同时，洲上还打造了现代农业产业园，引进气雾栽培技术，更拥有荷兰高智能玻璃温室、航天育种基地，积极转型发展现代农业。在这里，既能领略到鸡犬相闻、田野阡陌的田园风光，也能感受到日新月异、飞速发展的城市美景。高楼耸立，与近在咫尺的宽阔江面相互衬托，构成了城市与自然和谐相处的绝妙画卷。

八卦洲以其纵横的水系、优美的田园风光、浓浓的乡土风情为童真农民画的生根萌芽、茁壮成长提供了丰厚的沃土。成片的田野、垒砌的石块、江边奔跑的孩童都成为熟悉的景观，珍藏在孩子们的记忆里。"美丽家乡我代言"，孩子们以饱满的构图、夸张的造型、鲜艳的色彩、质朴的画风，画天、画地、画水、画桥，画八卦洲的风土人情、八野飘香，画出了自己家乡的美，画出了他们对家乡的深深眷恋，充满了新时代的能量和希望。孩子们的一幅幅农民画，成了八卦洲一张张靓丽的名片！童真农民画鼓励儿童望向栖居的家乡，培育天然的审美感知力，用自然家园与人文风光激发孩子们的巧思，生发最原始的创造力，更把乡土情怀的种子播撒在孩子们的心中，让乡村儿童伴随乡土之美愉快成长！乡土文化不只是历史的沉淀，更是当下的家园生活和具有无限可能的未来。只要将乡土文化融入美育，就会发现乡土美育资源真是取之不尽、用之不竭的活水。它使美育课堂变得多姿多彩，富有生气与活力，同时也让学生在传承本土文化的基础上接受美育熏陶，夯实文化底蕴，建立起民族文化自信。画面中的田野、石块和江边孩童，无不映射出八卦洲的独特特色和生活场景。这些作品不仅是艺术的表达，更是对家乡的感悟与表达。它们成为八卦洲的一张张名片，展示着乡村文化的魅力和新时代乡村儿童的创造力与希望。

二、践行乡村文化自信的重要载体

习近平总书记在党的二十大报告中重点强调，要传承中华优秀传统文化，推进文化自信自强。实现乡村振兴，除了物质层面的振兴，还有精神层面的振兴，也就是乡土文化的重建。乡土文化是涵养乡民精神家园的本源，有文化的乡村，才是真正的美丽乡村，才是"记得住乡愁"的乡村。乡村文化的振兴，关键在于提升人们的文化自信，将丰富的地域、社会资源转化为文化资源，成为推动经济社会发展的软实力。

农民画来自乡土、生长于民间，是一种带有泥土芬芳的艺术，具有浓厚的中国元素、民族特征和地域特征，是乡村社会保持乡土本色的文化媒介，承载着对乡村生活的美好记忆，为人与自然、社会和谐相处及乡民们身心健康的发展提供了价值引导和实践方法。农民画可以从精神情感方面留住村民，复兴乡土文化，提升文化自信，为乡村社会全面发展提供文化支撑。

艺术源于生活。农村孩子看惯了大自然的花花草草，闻惯了大自然的泥土气息，对大自然有着深深的情感。八卦洲，这一风景优美、民风淳朴的沃土，是学生创作的源泉。农村学生的生活就是孩子们创作的最好题材。"洲小"利用农民画的创作规律将农民画与儿童画融合起来，开设童真农民画主题课程，立足八卦洲本土文化资源，创设多种形式，开展多样主题活动，让学生在多样的体验和活动中创作农民画，从而渲染学生对美的追求，有方向、分梯度地引导学生感知乡土文化，增强文化自信。农民画作为来源于自然和田野的文化，通过丰富独特的画面和题材表现，为乡土文化的传承和弘扬提供了强有力的支撑。将农民画融入美育课程资源中，充分发挥乡村环境资源的优势，让孩子从小爱上农民画，引导学生体悟中国传统文化的魅力，在潜移默化中建立文化自信，提升热爱家乡的情感和传承家乡文化的意识。

三、助力乡村振兴的创新举措

在乡村振兴这一宏伟的征程里，农民画发挥着积极作用。农民画家们敏锐地发现新事物，通过表现新生活，反映时代精神。他们提倡新风尚，表彰好人好事，赞美绿色环保生活，崇尚生态文明，宣传社会主义核心价值观，是乡风文明的热心建设者。全国拥有数以百计的农民画乡、农民画村，拥有数千名农民画家，这是一支不容忽视、朝气蓬勃、充满创造活力的队伍，发挥着不可替代的社会文化建设、宣传的积极作用。它以乡村生活为素材内容，描绘农村生活场景，演绎乡村风土人情，用基层最为通俗的艺术语言，讲述着"中国故事"，传播着中华儿女自力更生、勤劳质朴、勇敢善良的传统美德，寄托着千万中国人的那份浓浓乡愁，蕴藉着人们的乡土情感、亲和力和自豪感，更是具有独特价值的文化资源和文化资本。

一方面，农民画作为乡村本土艺术的现代发展，能够为大家所接受并喜爱，孩子们在已有生活经验的驱使指引下，在兴趣爱好的情感影响下，有了不同的视角体验。如，同是一片蔬菜园，有的孩子看到的是一株株姿态万千的小苗，有的孩子凝视的是一朵朵娇俏可爱的花朵，有的孩子关注的是那叶儿上吮吸露珠的昆虫，有的孩子纵览的则是那大片大片的绿色海洋。视角多了，画面也丰富了。孩子的眼睛就如相机的镜头，每到一处，定格的就是一幅画，它可以是小桥流水人家式的深远构图，可以是鱼虾嬉戏、花鸟鱼虫式的小品画卷，也可以是如微视焦距中奇妙的一叶一花一世界。在孩子们充满好奇的眼眸中，一切奇妙的景象都会被发现，被捕捉，被赋予无限的艺术表现力。孩子们的农民画作品能够激发大家的艺术潜能，勾起人们对家乡的美好记忆，提升文化自豪感，从精神情感方面为推进乡村振兴赋能。

另一方面，童真农民画并不是单纯的美术课堂，而是将美育融入育人的全过程，坚持"五育"并举，不断丰富美育特色内涵，在特色课程、课堂模式、育人方式等方面探索实践，将美育的精髓渗透到学生的行动中，激发学生对美的热爱与创造，培养学生的综合素养，让他们学会生活实践技能，从而使他们获得独立思考、合作创新的能力，实现专业发展、全面发展、终身发展，为今后的学习、生活、工作奠定坚实的基础，为乡村振兴培养建设人才。

第三节
童真农民画的田野畅想

农民画的存在不仅仅是视觉的享受、记忆的记录，更是对人类精神的传承。其中，田园野趣的农村生活场景，经典易读的地方文化符号，流芳百世的传统美德精神等，都是农民画得以发展和发扬的"生命之源"。学习农民画如果只是关注艺术技法本身，那艺术的价值体现便显得浅薄而苍白；唯有关注艺术与生活、精神、思想的联系，找到其"育人"的根本，艺术学习才会更加有力而鲜活。因此，艺术教育工作者更应该引导学生通过传统艺术的学习追本溯源地研究农民画所反映的生活本体，而农民画的生活本体即田野。

基于乡村教育"泛城市化"倾向，存在乡村学校育人的方式较为封闭、乡村儿童学习方式较为单一等问题。"洲小"立足八卦洲优质的生态资源，经过20年的实践探索，建构了以"田野"为核心的乡村自然教育新样态，构建了适应未来发展、体现时代精神特点的儿童"田野学习"教育模型，突破传统的学习时空，引导儿童在真实的"田野"情境中能够充分和自身的经验相结合，做到亲历性学习。它让儿童体验改造，让自然成为孩子们心目中的田野，形成一种交互性学习；它让儿童面对丰富的学习资源，形成跨越学科的研究性学习。"田野学习"的课程主张让儿童多一些"野"味，既蕴含乡村、田野的味道，让学生的童年生活散发着鱼虾的腥味、野花的清香和泥土的芬芳，又寓意自然生长，旨在培养儿童健美、淳朴、自由、活泼、开朗、奔放的天性。

在"田野学习"校园特色文化的引领下,教师团队整合资源优势,以"田野"作为美育课程建设的内核,打开传统民艺进校园的课程建构思路。与"田野学习"的内涵一脉相承,这里的"田野"有三层含义:一是田野中,创造生动的、自然的、丰富多彩的美育环境,引领儿童在蓝天下开展艺术学习;二是田野式,以传承地方传统文化为基础,以自然风光、民俗风情、人文发展为媒介,鼓励儿童开展艺术探究;三是田野法,培养儿童运用"田野调查""田野观察""田野实践""田野创新"等人类学、社会学的研究方法开展学习,加深体验、丰富认知、提高审美。以"田野"为核心进一步优化共同体学校美育特色项目课程体系,在实践中传承,在传承中创新,努力让地方传统文化"活"起来,成为美育浸润的有效载体和资源,成为学校的美育名片和地方文化的地标。

一、田野中,在蓝天下学习

苏联著名教育家苏霍姆林斯基说过:"儿童周围世界,首先就是那包含无穷现象和无限美好的大自然的世界,这个大自然是儿童理性的永远源泉。"[1]将儿童美育的重心转移到自然上,将教育环境转移到蓝天下、田野边,让孩子在知识、语言、美的源头——大自然中快乐地学习和成长,让他们用独有的灵性去主动发现、享受大自然中生命的活力,为孩子们提供真实、自然、丰富多彩的学习环境,让他们跟随成人进行田间劳动、乡间漫步,在日常的乡村生活中潜移默化地获取生活经验,激发孩子们感受美、表现美的情趣,鼓励孩子们尝试自由表达和创造的乐趣。

陶行知说:"我们要解放孩子的空间,让他们去接触大自然的花草、

---

[1] 李申申、王凤英、元宵等:《苏霍姆林斯基画传》,山东教育出版社2018年版,第42页。

树木、青山、绿水、日月、星辰……自由地对宇宙发问，与万物为友。"[1]学习不应局限于书本，课堂也不应止步于教室。童真农民画打破原有的视野边界，让孩子们去田间地头奔跑嬉戏，拿起铁锹、锄头化身成一个个"小农夫"，一边松土护苗，一边拔除野草，在大自然的真实生活中打开全新的学习方式。在真实的情境中，更能调动学生的多重感官体验，培养学生思维的发展，更好地实践"知行合一"，获得沉浸式、互动式、创造式的课堂体验。如此一来，一幅幅充满田野气息的农民画就这么自然而然地产生了。农民画本就来源于民间、创作于田野，大自然就是农民画最好的"活教材"，是我们取之不尽的源泉。

美育是一种通过艺术、文化和自然等手段，促进人的美感教育和审美体验的教育形式。儿童时期是人生中最关键的发展阶段，这个阶段的经历和体验将对他们未来的成长和发展产生深远的影响。因此，我们应该在这个阶段为孩子们提供丰富多彩的美育课程，让他们在自然中感受美的力量和魅力。在蓝天下的自然中，孩子们可以欣赏到大自然的壮丽景色，感受到自然的力量和美丽。这将对他们的心理和情感发展产生积极的影响，让他们更加乐观、自信和积极。同时，孩子们可以通过绘画、手工艺术和摄影等多种方式，表达自己对自然的感受和想象，创造出属于自己的艺术作品。这将激发他们的创造力和想象力，培养他们的审美能力和美感素养。好的美育来源于生活，来自体验。花朵的颜色和造型、各种鸟叫和虫鸣、农作物的播种与收获……自然界中的一切神奇又有趣，给了孩子们无限的遐想空间。在孩子们的笔下，每一幅画都是独一无二、美不胜收的。他们

---

[1] 陆建非：《现代基础教育研究 第13卷》，上海教育出版社2014年版，第179页。

用稚嫩的双手表达着对生活的热爱，对未来的向往。

二、田野式，让学习在生活中自然发生

田野式的学习，是将"田野"理解为生活中的真实情境，强调生活情景、场域的实际体验，鼓励儿童以传承乡土文化为核心，经历、参与艺术探究。不同地域的农民画家群体，形成不同地域风格，展示不同的民俗风情，揭示共同的生活之美。例如以陕西户县、安塞为代表的西北农民画，带有浓厚的西北风情与黄土高坡的韵味；而上海金山、南京六合等地位于风光秀丽的江南，其农民画作品内容多为富庶的鱼米之乡、黑白相间的民舍、生机勃勃的田野风光。农民画艺术风格的质朴，就在于它的随性。农民画家们的创作素材皆来自生活，画家乡的山和水，画常见的人和事，画得实际、画得贴切、画得自然，充分表现了乡村生活的充实美满和百姓安居乐业的幸福喜悦。

童真农民画紧密联系地方人文历史、自然风光、风土人情，帮助儿童在感受、体验、实践过程中，加深对乡土资源的整体认知。通过对农民画的学习，引导儿童发现农民画与众多民间艺术的内在关联，勾连已有的认知基础，形成新的认知经验。孩子们所创作的农民画，大多是劳动的场景、节日的欢腾、幸福的家庭等等，每一幅画都饱含着他们对生活的观察和感悟，也蕴含着他们对成长的美好梦想。接触农民画的初期，孩子们也许不能理解为什么画中的树、花、草、鸟、鱼等在生活中很平常的事物被赋予了如此绚丽的色彩与生动的形态，甚至可能一度认为这些形色只是为了好看而好看。在走进农民画乡、倾听农民画师那一笔一画中对生活的热爱和眷念后，孩子们才深深体会到了画中的这一切已经不是简单的对生活的写照——其中饱含着艺术家对生活的热爱、对未来的向往。于是，孩子们大胆起来，插上理想的翅膀，艺术之花慢慢地绽放，艺术的语言更加精彩。

三、田野法，让探究性学习更深入

"田野法"是基于"田野调查"的思考和实践。"田野调查"是人类学学科的基本方法论，其主张深入研究对象所处的实际环境，展开研究。这里的田野学习，它不仅仅是教师运用"田野调查"搜集民间艺术学习资源，展开艺术实践，更重要的是教会孩子如何运用"田野调查"开展学习研究。老师们带领儿童深入田野和生活实地，以观察、访谈、口述等方法收集资料，并通过对资料的分析研究来理解、解释现象和社会的学习方法。

为更好地开展农民画艺术研究，老师们引导孩子们从教室走向田野，引导学生在田野中寻找自然的味道，积累直观的生活经验，学会知识的灵活运用。老师们寻找田野学习和儿童成长之间的契合点，让学生回到田野现场，亲身参与，实现田野资源的最大化利用。童真农民画引入了田野采风学习方式，引领孩子走进生活、走进自然，用双眼去发现、用心灵去感受、用头脑去思考、用双手去表现，充分汲取艺术素材，激发创作灵感。采风包含写生教学、社会实践和体验生活等多项内容。基于乡土资源的田园采风，让绘画创作者通过对农村风土人情进行实地考察和感受，创作出优秀的、富有内涵的绘画作品。采风有别于平常的美术课堂教学：首先，教学的场域不再固定，它可能是田间地头，可能是市井乡里；其次，教学内容新鲜陌生，包含农村生活的方方面面，可以是自然风光，也可以是人文活动；再次，教学的形式更加多元，单纯的讲授式已经不能适应采风教学，更多的是体验式、参与式等以学生为主体的学习方式。

为了让孩子们能够在田野采风中更好地收获信息，采风前，采用主题交流和分组分工的形式，明确方向和任务，避免采风的随意性和盲目性；采风中，根据具体采风客体的不同，设计对景写生、实践体验、镜头记录和口耳相传等方法，有利于提升采风实效；采风后，针对采风素材进行进一步的整理，结合创作主题的交流，帮助学生合理地加工素材，最终实现自主创作的学习状态。田野采风式的学习方法，强调开放性和实践性，在促进学生学习本土民间文化的同时，也丰富了农民画课程实践，使得学生的学习方式逐渐发生了改变，学生的思考和探究能力、组织协调能力、小组合作能力、实践创新能力都得到了提升。

第三章 童真农民画的课程建构与实施

农民画是一种充满童心，兼具民俗、文化与艺术的乡土艺术形式，在传承乡村文化与传统美学的同时，也有着极大的教育意义。在教育实践中，我们应该充分利用农民画所蕴含的文化和美学价值，开展课程教学，推动乡村美育建设。"洲小"深刻把握中共中央办公厅、国务院办公厅发布的《关于全面加强和改进新时代学校美育工作的意见》（下文简称《意见》）的要求，抓住课程这一关键要素和环节，在多年美育课程建设实践的基础上，探索建构了学段贯通、学科融合的童真农民画课程体系，以学校整体美育为核心，利用八卦洲的自然资源，把学生视为创作者和实践者，在教学内容、形式、方法等方面注重多元化、个性化、自主化和趣味化，培养学生的艺术素养、审美情趣和人文情怀。在课程实践中，充分挖掘八卦洲的自然资源和人文地域优势，把自然与艺术、文化与生命融合在一起，让学生能够真正了解和探索农民画所表达的生命与自然的关系，发掘自己身边的美和价值，促进生命成长，为乡村美育建设赋能。

第一节
童真农民画的课程建构

"洲小"深入贯彻《意见》和新课标要求，以"大美育"观重塑学校美育新格局，以整体视角构建课程，以培养德智体美劳全面发展的"上善少年"为目标，实施童真农民画课程创新行动，旨在培养学生适应终身学习、终身发展和社会发展所必须具备的审美素养、探究能力、创新意识以及解决问题的综合能力，为每一个学生创设多种参与实践的机会，让每一个孩子找到适合自己的发展空间，并在此过程中增强文化理解、创新融合，激发意识与素养，打造"洲小"美育特色课程品牌。

一、童真农民画课程的缘起

（一）时代之势，农民画成文化时尚

中国农民画在进入 21 世纪后逐渐得到了社会广泛的认可，成为各自地方文化的"名片"，也成为丰富乡村文化、推动乡村振兴的重要力量。而学校教育具有集中、系统进行民族传统文化传承的优势功能，农民画特色课程能够为学生提供充分的艺术体验和创作空间。通过学习农民画的绘画技巧和艺术特色，学生可以深入了解本土传统文化和生活方式，并将其融入自己的创作中。这不仅可以培养学生的艺术创造力和审美能力，还可以提高学生对农村人文环境和生活方式的认识和理解。同时，开展农民画特色课程还可以通过家、校、社联动教育，探索优秀传统文化的传承、创新、发扬的新路径。在家庭与社会的积极参与下，可以加强乡村美育资源的整合与利用，促进校内外美育资源的协调与衔接，打造一个美好、幸福、和谐的教育生态环境。开设农民画课程10年来,"洲小"就地取材,做好色彩、材料和造型的综合游戏,让学生用农民画记录乡村的美丽蜕变,在学生的心中种下对传统艺术的向往,让农民画扎根在校园,茁壮成长。

(二)教育之思,农民画课程实现以美育人

美育与德育、智育、体育、劳育相辅相成,相互促进。但总体上,美育在当前的教育事业环境中仍处于薄弱环节。一些地方和学校对美育育人功能认识不到位,重应试轻素养、重少数轻全体、重比赛轻普及;资源配置不达标,缺乏统筹整合的协同推进机制;学科美育的融合教学开展和推广不够等:这些问题都值得美育工作者深思。

农民画是视觉美、精神美的统一载体,农民画课程是融生活性、艺术性、审美性、创造性于一体的课程。学习农民画创作,不仅能让孩子在知识、能力、审美、情感等多角度成长,更能以美育人,让孩子用心去感悟、表达、创造,从而培养他们的想象力、创造力和自信心,帮助他们树立正确的世界观,将美育精神内化于心、外化于行。

(三)校本之悟,农民画创作助学科整合

农民画作为多元文化背景下课程融合的重要媒介,被广泛应用于多学科。如在与语文学科的整合方面,可以通过农民画创作的过程,让学生了解乡村文化、民俗文化和传统文化,培养学生对文化的理解和感悟,同时通过绘画的表现手法,提高学生的语言表达能力和文学素养,丰富学生的想象能力和创作思维;在与数学学科的融合方面,可以通过农民画的图案设计和构图技巧,让学生学会利用数学知识构图排版、计算比例和透视关系等方法,提高学生的数学运算和空间理解能力;在与体育学科的结合方面,可以通过农民画的创作过程,增加学生对自然环境、生命和运动的感受与认识,提高学生的身体素质,培养健康的体魄和良好的生活习惯;在与道德与法治学科的结合方面，可以通过农民画创作的主题和内容，让学生学会感受和表达道德价值观和法治观念，提高责任感和社会公德心。

以农民画为媒介，以创作为手段，整合多学科的教学手段和方法，开展全科课程教学实践，可以帮助学生全面发展和成长，促进学科之间的交流与互动、交叉与融合，让学生真正意识到知识的综合性和实用性，实现教育的多元化和全面化。

二、童真农民画课程的价值理念

（一）基于"儿童发展"的教育理念

发展是儿童教育的主旋律。儿童发展心理学研究表明：人的思维发展是从形象思维为主逐步向抽象逻辑思维为主过渡的。儿童时期是形象思维特别活跃的阶段，绘画是表达思想与情感的重要方式。

依据美国儿童美术心理学家罗恩菲尔德的研究，小学阶段儿童绘画特征处于图式期和写实萌芽期，他们喜欢通过图画来反映印象深刻的客观世界或内心世界[1]。随着儿童知识、经验、能力的不断进步，他们以绘画表现自己真实世界或意象世界的方式也不断发展。童真农民画课程始终遵循儿童发展的核心教育观，以发展性和动态性为基础，以绘画语言、技能技巧等发展为抓手，促进儿童在认知、审美和多元智能等方面的持续发展。

（二）基于"核心素养"的价值追求

当下，"核心素养"成为世界各国教育共同关注的核心概念。"素养"指人在发展健全个体中，通过教育和学习获得的学以致用的知识、能力、观念与品格，而核心素养是指"素养"中最关键、必备的价值观念、品格和能力。《中国学生发展核心素养》指出，中国学生发展核心素养以培养

---

[1] 金晓梅、蔡迎旗：《幼儿艺术教育与活动指导》，武汉大学出版社2015年版，第230页。

"全面发展的人"为核心，分为文化基础、自主发展、社会参与三个方面，综合表现为人文底蕴、科学精神、学会学习、健康生活、责任担当、实践创新六大素养。《义务教育艺术课程标准（2022年版）》中明确艺术课程要培养的核心素养主要包括审美感知、艺术表现、创意实践、文化理解等。

童真农民画课程以中国学生发展核心素养为价值取向，在农民画创作教学实践中，让学生经过"欣赏—理解—构思—创作—分享—交流"等系列过程，以图像传达为载体，通过创意表现将自己对文化、学习、生活、情感等的思想融入绘本故事中，在展示交流中发展多样能力，培养审美情趣和优良品格，形成正确的价值观念，成长为全面发展的人。

（三）基于"建构主义"的课程建构

农民画创作以儿童发展为中心，以自己经历、认知、理解为基础，建构学习、创作、表达、交流的过程，从而深化、重组和改造认知结构，生成新的知识经验，实现全面发展。这与心理学家皮亚杰的建构主义理论不谋而合。因此"洲小"基于建构主义课程观来构建童真农民画创作课程。

在课程愿景和总目标下，依据学生的年龄特征、知识基础和认知水平等定位年段目标，根据年段目标进行基于儿童发展的课程建设，包括课程资源开发、课程内容设计、课程教学执行和课程动态发展等，最后通过实施、评价与反思、课程改善等多重实践，达成课程效能（见图3-1）。

在内容安排上，结合农村自然的风貌及风俗，从四季、节日、庆典等题材入手设计学习单元，确保内容设计有章可循；在开展形式上，注重艺术行走、调查、采风等前期素材收集过程，调动已有的学习经验，做到理论联系实际，探寻行之有效的创作方法。

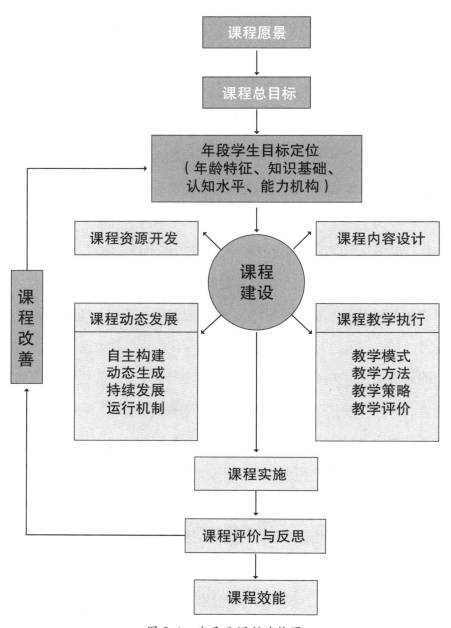

图 3-1　农民画课程建构图

三、童真农民画课程的顶层设计

基于课程的缘起和价值理念，童真农民画课程是兼具学科融合性和动态发展性的实践课程，依据这样的理念进行顶层设计，强化课程的个性化特征，增进课程科学性与发展性的深度认知。

（一）愿景与目标

依据儿童发展观和儿童审美心理发展理论，童真农民画课程的愿景是：站在儿童的视角，呵护与尊重儿童独特的生命意义，通过学习与创作活动，调动儿童的情感发展、心灵润泽、艺术潜能实现和审美价值完善，为幸福人生奠基。

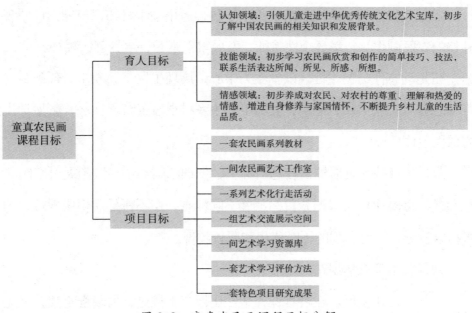

图 3-2　童真农民画课程目标分解

在制定课程目标中遵循多维目标导向，以培养学生的审美能力和审美情感为线索。这样避免了单纯的技能训练。把生活资源和学生已有经验作为制定目标的前提，不仅重视技能的学习，而且注重学生思想品德及多方面潜能的发展，更注重学生的创造意识和创新能力培养。与此同时，针对校本课程本身实施空间和时间的有限，分解出切实可行、便于评价活动展开的项目目标（见图 3-2）。

（二）性质与理念

童真农民画课程遵循新时代美育精神，落实立德树人根本任务，依据学生发展核心素养要求，参照《义务教育艺术课程标准》，开展校本课程个性化探索，基于美术学科，追求多领域融合。其性质体现为：

一是融合性与开放性。以儿童发展为核心，以开放的姿态融生活、文学、艺术、哲理、创造于一体，发展学生的信息获取与处理能力，培养学习与自主发展能力。

二是独特性与创造性。基于美术学科，运用多学科知识与能力，原创独特的农民画作品，彰显个性特征，发展审美素养，培养创新精神。

三是动态性与创生性。以学生为中心，展现主题单元教学、任务驱动等动态特点，在实践、适调、发展中创生乡村学校美育新样态，彰显学生的课程主体地位。

四是延展性与发展性。在总目标下，依据不同的学龄段延展对应的课程形式，每段课程又根据分目标延展不同样态，在不断延展中实现课程的可持续发展，推动课程的不断优化和愿景实现。

课程基本理念体现在：

一是个性化发展。在校本课程个性化理念下推进，展现视觉美、文化美与精神美的独特特征，为核心素养时代立德树人发挥独特作用。

二是校本化实践。在农民画校本化实践的过程中，学校针对学生的年龄层和教学特点，设计适宜的教材、教学案例和评价标准，帮助学生对农民画的知识和技法有更深入的理解和掌握。

三是多元化创生。突破传统的课堂教学模式，采用多种多样的教学方法和手段。如利用田野采风活动、社区实践、交流研讨等方式，实现教学内容与生活的密切联系，提高学生的学习参与度和创造性。

四是创新化教学。在农民画的教学设计方面，教师紧贴学生的生活经验和实际情况，创设与学生更贴近、更生动的教学情境，以便让学生理解和欣赏农民画的艺术特色和文化内涵。在农民画的创作实践中，教师采用开放式的教学形式和方法，允许学生在一定的范围和条件下自由地创作；鼓励学生大胆尝试和创新思维，形成自己的风格和特色；注重发挥学生的个性和创造力，以此促进创新能力的培养和发展。

第二节
童真农民画的课程图谱

童真农民画课程在顶层设计理念下,依据校本资源和特色发展策略,建构完善的课程框架、制定课程模块结构和设计科学且适切学生的课程内容,成为稳健、完善、丰富的课程体系。

一、课程资源

童真农民画的课程资源开发与利用要求美术教师采用不同的形式进行课程资源的开发。所以,美术教师应在教学中结合学校实际的地域特点,依据一定的教学目标对地域资源进行挖掘、整理,组成教学内容。在教学中,教师应尽量选取贴近学生生活的地域素材,从本土资源中挖掘出丰富的教学内容。

(一)画师面对面,感受大师的魅力

在中华人民共和国 70 多年的发展史中,诞生了陕西户县、上海金山、山东日照、南京六合等具有自己鲜明特色的农民画乡,同时培养了一批优秀的农民画师,这些都是宝贵的课程资源。学校美术教师团队深入画乡,观看画展,与农民画大师面对面交流。这样可以让美术教师团队深入了解农民画的技法和艺术特点,掌握农民画作品的表现形式和创作过程,同时,也能够借助大师的分享和指导,进一步提高美术教师的创作水平和课程设计能力。

(二)民俗看一看,感悟生活的魅力

八卦洲丰富的自然及人文条件为建设具有地域特色的农民画课程提供

了优质资源。随着师生采风活动的不断深入，取之不尽的农民画创作素材逐步显现。鸟语花香、桃红柳绿、水系纵横、野菜遍地、寒耕热耘、船行鱼跃，水乡独有的风景勾勒出生动的农村乡野画卷；打芦蒿、摘椿头、赛龙舟、赶庙会、丰收节、放鞭炮，一代代自然延续的民风民俗活动让艺术学习变得更加鲜活生动。

（三）基地走一走，感知民间的活力

农民画的创作离不开实际生活经验，儿童学习农民画同样需要走进生活，在广阔的场域中发挥想象、抒发情感。学校在校园周边建设了占地68亩（约4.5万平方米）的大型"野趣园"，开发养殖、种植、娱乐等生活实践区域，与此同时学校联合八卦洲博物馆、村居文化站（特色示范点）、地方公园、农业合作社等，成立校外农民画艺术实践基地。从此，农民画学习有了"固定场所"，形成了学校与街道、村居、企业互动互联、开放合作的美育局面。

二、课程结构

在学校"田野学习"课程发展理念的指导下，首先要制定学校课程发展的总体思路，然后详细拟定课程框架结构，并对各类课程做出详细规定。

依据《义务教育艺术课程标准（2022年版）》的相关要求，结合"洲小""田野学习"的课程总体框架及美术学科课程理念，遵循儿童学习美术的心理规律，强调从儿童已有的生活经验出发，使学生在创作农民画作品的过程中寻找和建构拥有审美能力、健全人格且不忘初心的自我，并在自我认知、自我成长、自我发展的历程中获得心灵和精神的自由。洲小"的童真农民画课程可分为学科浸润、学科跨界、主题拓展三类（见图3-3）。

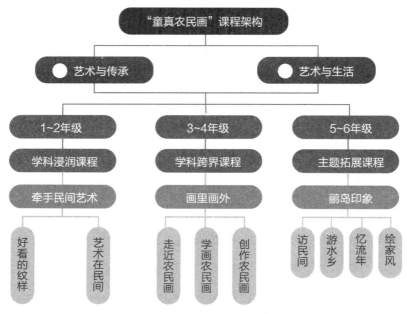

图 3-3 童真农民画课程结构图

学科浸润课程：讲究时空的开放性，让学生回到"田野"现场，亲身参与，充分利用乡土资源，为农民画的创作提供灵感。

学科跨界课程：以农民画的赏析和创作为载体，沟通不同学科知识的联系，综合运用不同的知识方法进行思考，升华对民间美术资源的认知，提升综合素养。

主题拓展课程：充分利用鸸岛资源，对国家课程进行二度开发和拓展延伸，自主开发有利于拓展学生审美素养和创新意识、动手实践能力的校本教材，通过"访民间""游水乡""忆流年""绘家风"主题的农民画创作实践，激发学生的创作热情和个性表达。

访民间：这是一个以访问民间建筑及场景以及与农民面对面交流为主的主题。在实践过程中，学生可以近距离观察、感受民居建筑的特点和文化内涵，结合农民画的表现手法，表达自己对民居建筑的理解和感悟。

游水乡：这是一个以水乡特色文化、水道及水生活为主题的创作实践。

通过到当地水景区、水乡古城进行参观、考察和交流，学生可以更深入地了解水乡特色文化、水生态演变过程和生产生活方式，并通过自己的创作，表达对水乡生态文化的认识、情感和评价。

忆流年：这是一个以当地风俗特色、神话故事和历史文化为主题的创作实践。通过走访当地老人、采风和资料收集，学生可以了解当地的历史变迁、文化传承和独特风俗，了解和感受文化的历史与沉淀，通过自己的表达风格和创作手法，表现对当地文化的理解和美好愿景。

绘家风：让孩子们在学习农民画的同时，了解和传承家族优良的文化传统和家庭价值观，营造和谐的家庭氛围，培养青少年优秀的人格品质和道德品行。

（一）"三段式"框架建构

"三段式"绘本创作课程中的"三"有三层意思：一是依据《义务教育艺术课程标准（2022年版）》的精神将小学划分为低、中、高三个学段；二是在学科浸润课程、学科跨界课程、主题拓展课程三层段课堂中推进；三是依据低、中、高学段设置赏析、学画、创造三大板块课程内容。因此"三段式"课程体系就是在"低、中、高"三学段中利用学科浸润课程、学科跨界课程、主题拓展课程三层段，开设赏析、学画、创造三大梯段的童真农民画课程，形成课程稳健框架。

（二）"大单元"模块结构

"大单元"是为避免知识的碎片化、学习孤立化，以单元主题概念为基础，整合编排一个知识整体或意义整体的课程组织方式。以学习能力培养为核心，提供丰富的学习素材、自主学习空间和时间，在"学习支架"的帮助下，甄选、探究、创造、表现绘本故事，实现最好的学习成效。

在"大单元"视角下，需要进行模块与结构化建构。首先是"单元模块"归类,确定"单元大概念",整合单元知识、跨学科知识链接和单元教学总目标;其次分知识、技能、方法、形式、成果五个模块设计目标要求;最后依据"单元模块"归类和目标进行资源、教材和学案的完善,指导学生的自主、深度学习(见表3-1)。

表 3-1 童真农民画"大单元"课程设置

年 级	课程单元	课程内容
1~2 年级	《好看的纹样》	《可爱的布老虎》 《青花物语》 《百变大花脸》 《灶头上的艺术》 《影子的游戏》 《乡土农民画》
	《艺术在民间》	《有魔力的剪刀》 《美丽的染纸》 《编编中国结》 《软软的泥巴》 《风筝飞起来》 《风车转转转》
3~4 年级	《走近农民画》	《金山农民画》 《户县农民画》 《日照农民画》 《安塞农民画》 《风景如画》

续表

年　　级	课程单元	课程内容
3~4 年级	《学画农民画》	《玩颜料真有趣》 《丰富的想象》 《内容变变变》 《巧变构图》
	《创作农民画》	《十二生肖》 《剪纸与农民画》 《好看的扇面》 《我设计的明信片》
5~6 年级	《访民间》	《赛龙舟》 《打芦蒿》 《农家乐》 《淳朴民风》 《民间传说》
	《游水乡》	《家乡的桥》 《四季——春》 《四季——夏》 《四季——秋》 《四季——冬》
	《忆流年》	《初春踏青》 《芦叶飘香》 《中秋月明》 《贺新年》 《闹元宵》
	《绘家风》	《上行下效》 《好邻居赛金宝》 《社区送温暖》 《妈妈舒服吗》 《粒粒皆辛苦》

（三）"五维度"内容设计

有了"三段式"框架和"大单元"模块结构，要使课程真正落到实处，细致的内容设计非常关键。怎样设计内容呢？基于课程价值理念和顶层设计，结合校本理念和资源优势，确定赏析、技能、融合、表现和交流这五个关键因素。这五个因素在以"儿童发展"为核心的学段课程中形成不断发展的维度。依据每个维度的具体要求来设计每个学段的课程内容，而每个学段课程内容的难度、广度、深度也将依据"五维度"因素而渐进扩展。同时也为课程实践的项目推进和任务驱动提供可能和依据，最后实现"五维度"能力和素养的递进式发展（见图3-4）。

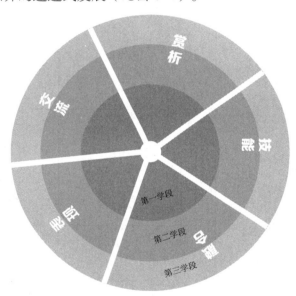

图 3-4 童真农民画"五维度"设计思路图

三、课程设置

童真农民画是体现"田野学习"样态的重要载体。通过统计，教师团队整理出苏少版小学美术课程教学与田野资源有机融合优化学习样态简表（见表3-2）。根据乡村学校地域资源的特点和学生实际，让学生走出课堂、走进田野，借助各种媒介手段将田野资源融合到课堂中、在田野中构建亲历性学习、交互性学习和研究性学习，探索在田野背景下的综合性美育实践，关注儿童的艺术体验，关心儿童的身心成长，关照儿童的未来发展，努力探索适合儿童的、具有田野味儿的美育课堂教学范例。

表 3-2 苏少版小学美术教学（部分内容）与田野资源有机融合优化学习样态简表

年级学期	教学内容	类别	田野资源	融合学习要点	微媒介手段	学具准备	备注
3年级	《点彩游戏》	造型表现	树林、田野风光	1. 眯起眼睛观察田野中丰富的色彩变化，感受光线对颜色的影响； 2. 用彩纸碎片组合完成点彩绘画作品	微视频	彩纸碎片	小组合作共同完成拼贴
	《形形色色的人》	造型表现	农民、田野、农忙	1. 学生观察农民在田野里农忙的动作动态； 2. 走进田野，扮演农民，寻找不同的动态与神情。 3. 学生完成作业，表现不同动作状态的农民	抖音美篇	木偶人、草帽、毛巾	人物造型图片展播
	《色彩的纯度渐变》	造型表现	白菜地	1. 学生到白菜地观察白菜的色彩渐变； 2. 用纸笔记录白菜的造型，用水粉颜料表现白菜色彩的渐变关系，并完成其他景物的色彩纯度渐变	微信微视频	水粉	提前了解渐变色
	《风》	造型表现	池塘、树林	1. 学生去田野里找找哪里有风的影子，感受风在大自然中的存在； 2. 观察风中的树林、池塘变化，画出风中的景色	微视频相机	绘画本	播放刮风视频

续表

年级学期	教学内容	类别	田野资源	融合学习要点	微媒介手段	学具准备	备注
3年级	《风筝》	设计应用	田野	1.在白色风筝上绘制田野景色，装饰上点线面；2.到田野中放飞风筝，感受风筝放飞的喜悦；3.用相机记录美好的时刻，完成《放风筝》作品	相机 美篇 微信	空白风筝	出示不同图案的风筝
4年级	《老房子》	造型表现	田野旁的老院子	1.学生去寻找校园附近的老院子；2.对比现代的房子有何变化，坐在院子里写生创作	速写本 小相框	绘画板	播放老房子视频
4年级	《门窗墙》	造型表现	田野旁的老院子	1.寻找不同的门、窗、墙，仔细观察自己喜欢的门，寻找农村中特有的门；2.学生回到教室根据自己的观察完成作业	美篇	绘画本	门的介绍短片
4年级	《穿穿编编》	设计应用	草编篮子、帽子	1.学生观察田野中草编篮子、草编帽子的纹路；2.通过观察尝试编篮子，感受传统田间手工的魅力	抖音 微视频	彩纸条	编织视频

续表

年级学期	教学内容	类别	田野资源	融合学习要点	微媒介手段	学具准备	备注
4年级	《下雨喽》	造型表现	田野	1. 观察下雨时田野里的景象； 2. 感受农民耕种的不易； 3. 完成下雨中景物与人物的情景作品	微视频美篇	雨天视频	播放下雨视频
4年级	《鸟和家禽》	造型表现	鸟和家禽	1. 去田野中观察鸟和家禽的神态并用纸笔记录； 2. 寻找家禽与鸟在田野中觅食的动态； 3. 根据观察完成绘画作品	抖音微视频	速写本	鸟和家禽图片展播
5年级	《风景如画》	造型表现	树林、田野风光	1. 观察田野自然景色，感受一年四季的景色变化； 2. 完成绘画作品	微视频	绘画本	田野风景展播
5年级	《船》	造型表现	龙舟	1. 学生观察船的外形、总结船的组成部分； 2. 学生亲身体会"划船"，感受划船的乐趣； 3. 根据观察体验完成绘画作品	抖音微信	美术工具	龙舟模型展示
5年级	《雕萝卜》	设计应用	萝卜地	1. 学生它萝卜地观察萝卜、拔萝卜； 2. 用拔到的萝卜雕刻一件艺术作品	美篇视频	雕刻工具牙签	萝卜雕刻作品展示

续表

年级学期	教学内容	类别	田野资源	融合学习要点	微媒介手段	学具准备	备注
5年级	《桥》	造型表现	桥	1.学生观察不同的桥,去对比它们的相同和不同之处; 2.感受桥的功能,绘制独一无二的桥	抖音微信美篇	硬纸板	收集不同桥的图片
5年级	《诗配画》	造型表现	池塘、树林	1.观察池塘、树林或农民劳作的自然景象; 2.按照所看到的景象为其配上诗; 3.完成绘画作品	美篇微信	古诗图片	展示诗配画作品
5年级	《我种的植物》	造型表现	八野种植基地	1.学生去八野种植基地、自家的菜地实地劳作,体验种植的乐趣和收获的喜悦; 2.体会田野耕种的乐趣与辛苦并完成绘画作品	美篇微信	铁铲	用喜欢的方式记录植物变化
5年级	《蔬菜》	造型表现	菜地、八野种植基地	1.观察菜地里的各种蔬菜,感受不同蔬菜的造型特点; 2.根据观察体验画出不同蔬菜	微视频	彩笔、画纸	播放蔬菜的视频
6年级	《陶艺》	造型表现	泥土	1.学生去地里体验亲自挖泥巴的乐趣; 2.充分感受泥巴在巧手中的千变万化; 3.培养学生热爱自然、亲近自然的情感	抖音微视频	陶土	陶艺作品视频展播

续表

年级学期	教学内容	类别	田野资源	融合学习要点	微媒介手段	学具准备	备注
6年级	《美丽的园林》	造型表现	园林	1.观察园林的不同形式； 2.用画笔设计园林	抖音美篇	树枝、记忆黏土	园林图片展播
	《运动的动物》	造型表现	动物	1.学生去田野中观察运动的小动物，感受动物在自然中的自由自在，体会乡村生活的快乐； 2.根据观察完成绘画作品	抖音微视频	相机	动物运动图片展播

第三节
童真农民画的课程实施与评价

在童真农民画课程开发中,为了使孩子们的各种学习与活动有效地联系在一起,使其产生积累效应,还需要对设计的课程内容加以有效组织与实施,并在课程结束后对课程实施情况进行恰当、科学的评价。

一、课程实施

课程实施是把课程计划付诸实施的过程,它是达到课程预期的课程目标的基本途径。童真农民画的课程实施主要经历以下过程:编写课程纲要、学习实施建议、落实实践过程。

(一)编写童真农民画课程纲要

童真农民画课程是一门跨学科的综合素质活动课程。编写课程纲要,就是要对该课程的教学进行整体设计,研究、分析教学环节中所涉及的方方面面,以方便教师从整体上把握实施的课程目标与内容,也方便孩子们明确所学课程的总体目标与内容框架(见表3-3)。

表 3-3 "童真农民画"课程纲要

课程名称	童真农民画			
适用年级	1~6年级	总课时	45课时/每课时40分钟	课程类型	具有地域特色的民间艺术
课程简介	具有浓郁地方特色的农民画是生活与艺术的完美结合，不仅仅是视觉的享受、记忆的记录，更是对人类精神的传承。田园野趣的农村生活场景，经典易读的地方文化符号、流芳百世的传统美德精神等，都是农民画得以发展和发扬的"生命之源"。本课程以传统艺术农民画为媒介，勾连课堂、书本与生活的关系，努力探索国家课程的校本化实施方式，充分发挥农村生活的优势，引导农村孩子在田野中学习、用田野学习、以"田野法"学习，探寻富有地域特色和学生情趣的农民画资源，在真实、可感、可触、可得的艺术体验过程中培养学生观察生活、表现生活的能力。在田野中建立生活与艺术的链接，艺术与思想的碰撞，创新可持续发展的农村美育样态。				
背景	**1. 现阶段儿童美术学习中乡土味儿缺失问题亟待解决** 《义务教育艺术课程标准（2022年版）》指出：引导学生积极参与各类艺术活动，感受美、欣赏美、表现美、创造美，丰富审美体验，学习和领会中华民族艺术精髓，增强中华民族自信心与自豪感。 新的课程标准给地方文化艺术传承预留了空间，博大精深的中华优秀传统文化是我们在世界文化激荡中站稳脚跟的根基，中华民族优秀传统艺术形式亟待保护和传承，因此将传统艺术引进校园，其目的是寻求艺术教育的本土特色，探索具有乡土味儿的艺术教育之路。 **2. 农村孩子自信心缺失与家乡情结淡化现象值得关注** 农村孩子的视野逐渐被现代文化所占据，拥有现代城市化的观念和思维，不爱农村的现象严重，甚至觉得作为一个农村娃是件丢脸、羞耻的事。让农村的孩子正视自己，感受到身为农村人的自豪感，这需要教育者做出正确的引导。没有农村文化的自信就没有对农村的热爱，而这种文化自信需要教育者基于地方文化做深度的思考和挖掘，以课程的形式引领学生感受地域文化，在近距离的接触中让学生正视并喜爱、在探索的过程中传承并创新，努力做到让孩子成为农村文化的代言人。 **3. 田野乡土资源是农村学校艺术教育研究的有效突破口** 八卦洲特有的田野风光为农村艺术教育实施提供了得天独厚的条件，八卦洲是长江中下游的"江中鹬岛"，占地面积约56平方千米。"一江春水将绿绕，举头远眺是二桥。芦蒿马兰随处见，喜鹊斑鸠满地跑。"鹬岛环境优美，植物茂盛、野菜遍地，更有"中国芦蒿第一乡"的美誉。学校立足田野资源，引领学生走出校园，走进广阔而又多彩的田间、地头。小河、沟渠……丰富的自然及人文条件为建设具有地域特色的学校艺术课程提供了优质的资源。				

续表

背景	**4. 特色文化传承与学校教育有效接轨需要实践和探索** 　　文化传承的根本要从娃娃抓起，传统文化进校园成为学校教育的重要命题之一。近年来，"洲小"的艺术特色农民画课程研究取得了一些成绩，但随着研究的不断深入，新的任务又摆在眼前，由专注农民画的学习转向农民画文化内涵的探索。强调艺术课程的实践导向，使学生在艺术体验为核心的多样化实践中，提高艺术素养和创造能力。因此需要教师不断探索新方法、新途径、新思想，焕发艺术生命力，提升艺术影响力，这需要一线美术老师认真的思考和大胆的实践。
课程理念	内容设计理念：立足本土，让传统文化深深根植在孩子心中；发挥潜能，使孩子绽放更多的艺术创造之花。 　　开发原则：乡土性、实践性、趣味性、综合性、系统性。 　　内容特色：以培养学生的创新精神、审美素养为核心，以促进学生个性发展与健康成长为目标，优化学科课程，强化活动课程，开发特色课程，拓宽学生的学习渠道，改善学生的学习方式。
课程开发流程	调研学生需要——提出课程目标和内容——课程开发申请（向学校）——选择课程资源——编写课程内容——确立课程实施方式——课程试验性实施——课程评价与优化。
课程目标	**1. 知识与能力** 　　了解农民画起源、历史及艺术特征，知道著名的农民画乡及其作品特征；掌握传统农民画的绘画技巧及文化内涵，运用美术要素形成规律，进行欣赏和创作等主题学习活动。充分发挥儿童的观察力、思维能力、想象力、动手能力，帮助儿童树立创新意识、审美意识，培养他们的创造能力。 　　**2. 过程与方法** 　　童真农民画课程以丰富多彩的研究性学习活动为表现形式，以自主探究、任务驱动、小组学习为基本教学方式，以创作实践为主要环节，以培养综合素养为主要目标。在这样的学习过程中，融合农民画的赏析、构思创作、评价等基本方法，使学生形成良好的美术学习习惯，获得成功的体验和丰富的经验。 　　**3. 情感、态度与价值观** 　　初步养成学生对农民、对农村的尊重、理解和热爱的情感，让他们感受到中华民族文化的博大精深，使他们从小学会关注传统文化，增进自身修养与家国情怀，不断提升乡村儿童的生活品质。

续表

学习主题活动安排	本课程使用单元学习的方法，1~2年级2个单元，3~4年级3个单元，5~6年级4个单元，共9个单元。1~2年级分别为《好看的纹样》《艺术在民间》；3~4年级分别为《走近农民画》《学画农民画》《创作农民画》；5~6年级分别为《访民间》《游水乡》《忆流年》《绘家风》。课程的内容进度安排由浅入深、循序渐进。从最初的模仿制作到后来的主题创作，时时引导儿童乐于观察生活、关注社会（见表3-3）。同时，本课程还与其他学科融会贯通，形成走近农民画的综合课程，充分体现乡土性、实践性、趣味性、综合性、系统性。 　　1~2年级（打好基础）：民间生活是民俗的源泉活水。引导儿童走进熟悉的农村生活场景中汲取民间艺术的养料，发现民间艺术中的形状美、色彩美和肌理美，尝试用线条、形状、色彩、肌理等造型元素和对称、重复等形式原理，进行艺术创作。该课程版块将"视角"集中在洲上人家这一普通的生活场域中，挖掘贴在墙上、挂在帘上、绘在灶上、绣在布上、画在脸上、飞在天上的各种民间艺术样式。系列的学习为学好农民画奠定基础。 　　3~4年级（丰富认知）：农民画集众多民间艺术于一身。只有广泛地接触民间艺术形式，了解基本的民间艺术设计工艺和美学文化，才能更好地理解和认识农民画。本学段主要通过对民间艺术较为系统的学习，帮助学生掌握民间艺术设计的基本技巧和基本知识。该课程版块将"视线"集中在民间记忆的挖掘和探索中，通过做一做、画一画、学一学和创一创四个不同侧重点的民俗艺术学习单元，帮助学生感受民间艺术的美，欣赏与创作结合，循序渐进地走进农民画的艺术世界。 　　5~6年级（投入创作）：深入生活创作农民画是基础，通过农民画创作更加美好的生活是目标。引导学生像农民艺术家一样去采风，学习农民艺术家的思维方式和表现方法，创作富有生命力、感染力的艺术作品。在实践中传承，在传承中创新。该课程版块将"视野"扩大到洲上生活的方方面面："游水乡"以自然风光和绿水青山为线索描绘鹬岛的四时之景；"访民间"以民间故事和民俗活动为背景展现鹬岛的生活之貌；"忆流年"以农事耕种和童年记忆为内容展现鹬岛的自由之美；"传家风"以核心价值观和传统美德为主题展现鹬岛的人文之韵。用画笔抒发对家乡的热爱，用画笔为美丽家乡代言。

课程实施说明	1. 学校组织童真农民画课程领导小组，有计划、有组织地开展教师培训，课程做到固定实践、固定场地、固定教师。选择农民画学生作品、著名农民画乡等图片进行文化环境的营造。学校还成立了"朱琍琍名师工作室"，形成教师研究团队，以课题研究促进课程实施，并在学校微信公众号建立"朱琍琍名师工作室"专栏，为教师和学生提供课程学习交流平台。 2. 本课程安排在学校校本课程领域，每周2课时，与国家课程整合在"学校课程方案"中，排在课表内。美术教研组专门成立了课程教研组，进行课程教学与研究，提高课堂教育的有效性。 3. 童真农民画课程教学方法以农民画专题研究性学习的方式组织跨学科的知识，以互动如小组讨论、小组合作、田野采风、艺术节展示等方式组织多样化的实践活动，通过实物观察、动手实践、作品欣赏、全新创作等激发学生学习农民画的兴趣。在课程实施过程中，充分挖掘美术教师的潜能，调动各科教师的学科融合教学积极性，努力构建当地个性化、特色化、融合化的农民画课程，让孩子真正从农民画课程中受益。

（二）课程实施建议

1. 学生自主化的学习过程

童真农民画课程与传统学科课程最大的区别是：童真农民画课程是一种特色学习活动，是以实践为主的课程模式，而传统学科课程主要是课堂内授课的教学活动。作为一种实践学习活动，童真农民画课程突出学生的自主化学习，学生以小组合作为主要形式，在小组内共同探究，商量创作的主题、突出的重点、颜色的搭配、表达的思想等等，而不是只有教师的教授。童真农民画的实施方案更像是一种活动设计。这样的设计把探究的过程留给学生，教学方式更多的是一种对话与交互，在教师的引领下，儿童与田野对话、与自然对话、与同伴对话、与艺术对话，展开知识的协同探究与建构。

2. 教师自由式的教学过程

童真农民画课程教师的责任就是创设有趣的活动主题，把孩子吸引到活动中，以儿童的需要、兴趣为本，让孩子在玩中学、在学中玩。在这样的过程中，孩子获得了更多的表现机会，充分展示了自己的才能，在不知不觉中就能掌握更多的知识与技能，完成自我的审美能力升级。而教师在其中的身份是引导者，运用恰当的方式帮助学生更好地理解课程主题，并能调动最大的潜能去表现主题、展示个性。教师在各个环节上给予学生一定的指导，引导学生自主学习，有意识地形成自己的思维过程、思维方法，形成学习方法。课堂的主角是学生，整个课堂精彩纷呈、趣味十足，教师充分信任学生，充分发挥学生的积极性和主动性，这样的课堂才能受到学生的欢迎。

（三）课程教学实施流程

课题组经过多轮的理论研究、教学实践、观察反思，最后总结出基于儿童学习体验的童真农民画教学的主要流程（见图3-5）。

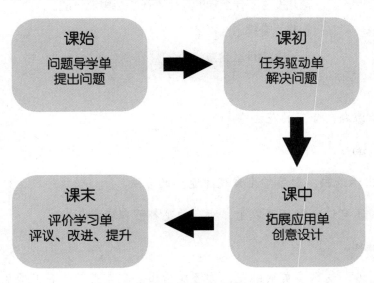

图 3-5 童真农民画教学主要流程

教学案例3-1：《会变的花》

一、问题导学

课堂伊始，教师通过PPT展示花的图片，吸引孩子们的注意力，随后用播放视频的方式，让学生观察花朵的变化，并乘机提出疑问，设置"问题导学单"，引出本课的主题。

（一）导入

师：同学们喜欢"花"吗？

师：老师也喜欢，不但喜欢，我还会画哟。

（播放视频，多媒体演示）

师：经过老师的双手，花儿都变了，变得怎么样？

生：变好看了。

师：你们想不想也来变一变花儿？这节课我们就来学习"会变的花"。

> **问题导学单**
> 花儿发生了什么样的变化？在小组里说一说。
> 1. 花儿变得怎么样了？
> 2. 花儿为什么会发生变化呢？

出示课题：会变的花。

（二）新授

1. 出示范画，引导学生发现"变"的方法。

师：不光这一种花可以变，所有的花都可以变。

找一找。

师：看，这么多美丽的花，你还能看出它们都是什么花儿吗？请你对号入座找一找。

（出示多媒体，花的原形和变化后的花的图片）

师：你是怎么发现的？谁来说一说？

生表达，师总结特点。

师：保留住花儿原有的特点是我们这一课的关键。除此之外，老师的作品中还添加了一些东西，你能看出来都添加了什么吗？（板书：特点+）

生：点、线、面。（板书：特点+点、线、面）

2. 师生交流，探索点线面的装饰法则。

教师在黑板上画出花朵的外形，随意画几笔。

师：我画得好看吗？

生：不好看。

师：为什么不好看？

生：有点乱，不好看。

师：动动脑筋，怎样才能把它们组合排列得更美呢？

师：老师这里有一朵花，我想请小朋友们小组合作，用点线面进行装饰。

注意几点：①色彩搭配。②形状是否都合适。③怎样拼得更快。

示范：老师边说边贴，同时在黑板上演示，贴一个局部。

师：你们看，由于时间关系，我完成了一片花瓣的装饰。好看吗？

生：好看！

师：那剩下的时间交给小朋友们。大家也一起动手来试一试吧。

音乐响，我们就开始吧！

3. 学生一次作业，尝试拼摆装饰花儿。

4. 学生小组合作，教师在旁指导。

师：音乐停，我看哪组的小朋友做好了。让我看看你们美丽的花儿。你们的花儿真的太美了。看看这组的花组合得很有美感。比老师有创意呀！

师生小结：要想花儿美，点线面来配；排列和组合，规律又好看。

二、任务驱动

学生的学习活动可以与任务或问题相结合，提高课堂的有效性。教师为孩子们准备"任务驱动单"，让孩子们带着任务开始实践。

> **任务驱动单**
> 怎样利用装饰花来装饰生活中的物品呢？
> 1. 根据花朵的外形，进行点线面的变化装饰。
> 2. 添加一些其他元素，让画面更加丰富。

（一）走进生活，探索装饰花的设计美感

师：下面我们继续看，哎，这些变化的花儿去哪里啦？你们能找到它们吗？

（出示多媒体图片，生活中的花装饰物品）

师生共同发现：古代的陶罐上、衣服上、书本上，这些美丽的花儿不仅自己跑过来，还拉来了很多小伙伴。

结合具体的作品，分析装饰的方法，总结出：邀请"小伙伴"扮美花儿。

师：原来花儿还能这样装饰，还可以邀请一样的伙伴一起来呢！

师：我们不仅可以邀请一样的伙伴，还可以邀请不同的小伙伴。（叶子、藤蔓、虫、鸟、太阳等）

（二）教师示范，明确创作方法

首先想好装饰的位置，其次是美化形式和色彩的搭配。（板书：确定位置、色彩搭配）

师：我这里有一个美丽的花瓶，我已经用美丽的花儿装饰了。今天下雨，我喜欢晴天，我就用太阳来装饰它吧！

教师示范用太阳装饰花瓶，边画边讲解。

（三）完成作业

出示作业要求：尝试用"花"扮美生活中常用的物品，看谁最有创意！

教师随堂辅导。

（四）评价总结

围绕位置、设计形式和色彩搭配引导学生点评作品。

三、拓展应用

今天我们一起学习了《会变的花》，那树、叶子也能变化吗？装饰花还有哪些运用呢？

> **拓展应用单**
> 花儿的变形方法也可运用于生活中的其他事物。
> 1. 树、叶子怎样进行变身？
> 2. 在建筑设计中寻找装饰花的运用。

不仅花儿能变，树、叶子也能变，你能用今天的方法试一试吗？老师期待着你们创作更多的优秀作品。

二、课程评价

课程评价是教育过程中的重要环节，它不仅是对学生学习成果的检验，更是对教育目标的落实和实现的评价。然而，课程的评价指标不能只停留在学习成果的表面，更应该指向要培养怎样的人。因此，在制定课程评价标准之前，需要明确育人目标，并围绕这个"圆心"展开一系列的实践和评价探索。教师需要思考：培养怎样的人才能更好地适应未来社会的发展趋势和社会需求？教师需要不断地反思和探索，建立起一套科学、有效的课程评价机制，让课程的评价指标真正体现出育人的价值和意义。只有如此，才能更好地引导学生成长，培养出具有创新精神、责任意识、社会责任感和团队协作能力的优秀人才，为构建美好社会做出贡献。

此外，评价的过程和结果也应该是可持续和可量化的，能够为学生提供长期的学习指导和帮助。通过评价，学生能够更加清晰地理解自己的优势与不足，并且针对性地改进自己的学习方式和方法，从而进一步提高自己的学习成果和能力。

最后，评价也是一面镜子，能够帮助教师反思自己的教学方式和内容，以便更好地满足学生的需求。

相信通过优秀的评价系统，学生和教师都能够在互动中共同追求知识和能力的提升，促进教育的可持续发展。

（一）研制量化评价简表

科学合理的课堂评价对教学质量的提升有着很大的作用。评价活动中要重视主体的主动性，一切评价对象在评价中不应是单纯地处于被动的、被调查的、被分析的地位，而应当主动。校本课程的评价给予了师生更多的自由和空间，作为课程参与的主体，教师应和学生共同参与。在校本课程实施的一开始，身处其中的老师、学生都应知晓评价的基本方向，有的放矢、循序渐进地接近校本课程所制定的目标。为了让这个评价更利于理解、操作和分析，制定了相应的实践活动记录表（见表3-4）、校本课程选修学习发展评价标准表（见表 3-5），这里以中年级段为例。

表 3-4 童真农民画实践活动记录表

课程名称	
活动时间	
活动地点	
小组成员	
活动内容	
你的收获	

表 3-5 中年级段校本课程选修学习发展评价标准

项目	评价内容	分值	评分方式	评价人	得分	简要评语
培养学习态度	1. 按时参加社团活动，不迟到不早退	20	采用考勤机制	老师		
	2. 遵守课堂纪律，专注听讲，踊跃发言，主动提问，认真作业	10	采用课堂评价	老师		
	3. 认真准备学具，学习完毕主动收拾整理	10	采用检查机制	老师		
探索学习方式	1. 加入"小小农民画"网络学习交流群，积极参与群内学习交流	10	采用学生互评的方式进行，分成10分、8分、6分三个档次	同学		
	2. 参与一次主题采风活动，并有所收获	10	参加活动并有作品呈现加10分，参加活动没有作品呈现加5分，未参加不加分	自己		
	3. 参与小小农民画网络课程学习	20	参加一次加10分，参加两次及以上加20分	自己		
	4. 参加学校组织的主题文化交流活动	10	参加交流活动加10分，未参加不加分	自己		
	5. 用自己的作品扮美校园，扮美生活	10	以作品为参照，没有不加分	自己		

续表

项目	评价内容	分值	评分方式	评价人	得分	简要评语
完成学习目标	1. 了解三个以上农民画乡及代表画家	10	能说出不同画乡农民画的作品风格，列举代表画家及代表作。分成10分、8分、6分三个档次	同学		
	2. 学习农民画构图技巧，并灵活运用	10	以作品为评价参照	自己		
	3. 学习农民画色彩搭配技巧，并灵活运用	10	以作品为评价参照	自己		
	4. 通过农民画学习，了解家乡的民俗民风	10	能说出家乡的民俗民风，并能进行相关主题创作	自己		
	5. 创作两幅以上富有生活情趣的农民画作品	10	以作品为评价参照	自己		
	6. 建立自己的农民画学习成果电子档案袋	10	以电子档案袋为评价参照	自己		
尝试能力拓展	1. 作品入选"小小农民画"社团成果集	10	以作品为评价参照	自己		
	2. 参加各级艺术竞赛并获奖	10	以证书为参照，校级2分，区级4分，市级6分，省级8分，可累计加分	自己		
	3. 参加校际艺术交流活动	10	以活动参与人员名单为评价参照	自己		
	4. 举办个人小型画展	10	以画展为评价参照	自己		

（二）评价操作要点

第一步：自己评。

自己先对评价人是"自己"的项目打分，再填写"简要评语"。

第二步：同学评。

同学对评价人是"同学"的项目打分，再填写"简要评语"。

第三步：老师评。

由老师先对评价人是"老师"的项目打分再填写"简要评语"。一般情况下，每半学期进行一次量化评价。

第四步：综合评。

根据表3-5中的得分，结合平时情况的总结，评选出"创造之星"和"进步之星"并进行表彰。

针对小学生的年龄特点，评价标准又做了适当的处理。采用"童真农民画家"成长积分卡（见图3-6）的形式呈现给学生。为了鼓励学生学习的积极性，将培养学习态度的40分作为基础分。整个学期，学生努力做到"保住40分""争取160分"的良好学习状态。以"童真农民画家"成长积分卡的形式评价学生的学习水平和效果，给予了学生明确的学习目标。以课程育人目标为依据，观照学生认知、技能、情感层面的需要，注重学习习惯、态度、能力等方面的培养，全面促进学生艺术学习能力的提升是童真农民画校本课程开发的根本，也是实现教育的终极目标。

图 3-6 "童真农民画家"成长积分卡

看似整个目标制定的过程都是为了后续的学生评价而服务，其实目标制定、目标实践、学习评价的整个过程也是对教师这一课程参与主体进行评价。通常对教师的考评是通过上报、上交各种数据和材料作为考评的标准，并没有一套完备的教师发展评价标准，更有许多老师没有明确校本课程研究对于教师成长的意义。因此，从教师专业化成长的需要以及学校整体评价体系的建立需要而言，教师发展评价标准的探索也是十分必要的。

第四章 童真农民画的课堂样态

苏霍姆林斯基曾说:"美是一种心灵的体操——它使我们的精神正直、心地纯洁、情感和信念端正。"《义务教育艺术课程标准(2022年版)》将艺术课程要培养的核心素养聚焦于"审美感知、艺术表现、创意实践、文化理解"四个方面,着力构建核心素养和课程之间的内在联系,将核心素养的培养贯穿始终,落实到具体的课程目标、课程内容、学业要求和学业评价之中。新课标遵循学生艺术学习和身心发展的整体性、阶段性、连续性等特点,强调学习主体在场与具身参与,以核心素养为导向,以艺术实践活动为载体,开展大观念引领下的教学、单元整体教学、任务式学习、项目化学习、深度学习、真实性学习、跨学科学习等教学方式的变革与探究,鼓励学生自主参与各种艺术实践和探究活动,加强学生的自主体验、自信表现、主动创造,不断增强其艺术的实践能力和创造能力。基于对新课标的解读以及对美育的深入理解与认识,"洲小"把美育作为培养学生核心素养的重要一环,基于环境、课程、课堂、活动、网络资源、评价等路径，逐步构建以"童真农民画"美育课程为基础的乡野童趣的校本实践体系，以传统艺术农民画为媒介，勾连课堂、书本与生活的关系，努力探索国家课程的校本化实施方式，充分发挥农村生活的优势，引导农村孩子在田野中学习、用田野学习、以"田野法"学习，探寻富有地域特色和学生情趣的农民画资源。孩子们走出课堂，走进大自然的怀抱，感受着阳光的温暖和微风的拂过；他们走在乡间小道上，看到一片金黄的麦田，脑海中浮现出绘画的构图和线条；他们走进田间地头，目睹农民的辛勤劳作，内心涌动着对乡村生活的无限感慨。这样的美育课堂不仅让孩子们获得艺术的启发，更让他们学会用心去感受和理解生活的美好，在感受美、欣赏美、创作美的过程中自然形成美的素养。

第一节
多元空间，创生美好

美在生活，美在课堂，美在情怀。当听到这节课要去户外采风，孩子们忍不住高兴地跳了起来。在校门外的"野趣园"里，有的孩子画的是沉甸甸的麦穗，有的孩子画的是正在收割庄稼的农民伯伯，有的孩子画着一捆捆"躺在"地上的麦穗。一幅幅作品跃然纸上，色彩跳跃，充满创意，富有生活气息——这是"洲小"农民画特色课上的一幕。

培养学生认识美、欣赏美和创造美的教育，被称为美育。美育是"五育"中不可替代的组成部分，也是培养儿童想象力和创新意识的教育。"洲小"致力于探索美育课堂教学的新方式和新样态，让儿童拥有不一样的美育课堂。"洲小"将艺术学习由校内延伸到生活中，为儿童提供真实的、可利用的、可学习的乡野资源，让儿童回到田野，亲身参与；以农民画学习为线索，引导学生感受生活之美，调动学生学习主动性，改被动的"给"为主动的"寻"，在对比中寻，在体验中寻，在交流中寻，通过对现实生活的观察、体验、研究、分析、选择、加工、提炼等形式，塑造艺术形象，开展艺术实践；在重视美术技能技巧学习的同时，关注美术文化的感受，将艺术学习置身于更为广阔的空间，达到以美育人的功能。

一、从美开始，激活美的资源

课程资源是形成课程的要素来源，也是实施课程的必要而直接的条件。美育同样需要借助各种资源才能完整地实施课程，创造性地实践课堂。美育教育资源的开发和利用旨在充分发挥学校、教师、学生、家长、社区等各方面的课程资源优势，形成学生的创新意识，为促进学生的全面发展服务。

新课标非常重视课程资源的开发与利用。《义务教育艺术课程标准（2022年版）》中指出，要广泛而有针对性地利用地方和社会文化资源，如有特色的自然和人文景观、乡土音乐、民间美术、民间舞蹈、地方戏剧（含戏曲）资源，历史、政治、经济、民俗等领域的事件，文化景观、文化遗产和遗迹、各类传统艺术等，发掘其蕴含的中华文化精神和核心价值观，引导学生增进对中华文化的理解与认同，树立文化自信。如何有效开发、利用当地的美术课程资源，弥补国家美术课程设计难以兼顾地方特点的问题，使美术课程与学生生活经验紧密联系，引导学生参与民间文化艺术的保护、传承，激发学生美术学习兴趣，增强对家乡和人类社会的热爱及责任感，发展为家乡创造美好生活的愿望与能力，这是新课程改革后"洲小"一直在探索的问题。

文化资源是美育资源开发与利用的源头活水。地方文化资源反映了一个地方的传统特色，是当地精神文化之"根"，让学生了解本土文化、热爱本土文化，无疑是丰富学生美术知识和实践经验的有效途径。农民画作为民间艺术的一种，与众多民间艺术有着交融互联。如：金山农民画中简洁爽利的色块式表达与剪纸的表现风格如出一辙，安塞农民画夸张变形的图案装饰是刺绣、布玩具艺术的延伸与表达，六合农民画拙中见美的画风透着南方灶头画的意趣。因此，农民画校本课程设计要紧密联系地方人文历史、自然风光、风土人情，帮助儿童在感受、体验、实践的过程中，加深对乡土资源的整体认知。即通过学习农民画，引导儿童发现农民画与众多民间艺术的内在关联，勾连已有认知，形成新的认知经验。

"洲小"立足于八卦洲丰富的传统农业资源，对如何依托乡土文化开展美术教育进行了积极的探索。"洲小"依托八卦洲特有的田野风光与广阔而又多彩的自然及人文资源，开设了童真农民画校本课程，创编了课程读本《小小农民画》（见图4-1）、《鹏岛印象》（见图4-2），从走进自然、了解自然、感受自然、发挥想象、抒发情感五个层面设计学习内容，明确校本课程与国家课程的从属关系，做好课程的衔接；合理安排，做到实施空间和时间的有效保证。在充分尊重儿童学习规律的基础上，根据低、中、高不同学段，围绕"民间技艺""画里画外""鹏岛印象"三大主题完成了课程编排，既重视美术技能技巧的学习，同时也注重美术文化的感受，加强了不同学科、领域的融合，拓宽了学习与实践的渠道，提升了乡村儿童的生活品质，实现了美育的育人功能。

"洲小"从2013年立足地域资源开发的美育品牌项目"小小农民画"先后获得了不少荣誉：2015年，"小小农民画"创建为栖霞区特色项目；2017年，农民画艺术课程被评为江苏省优秀校本课程；2018年，学校美术组被评为南京市优秀教研组，学校还被市教育局任命为南京市小学特色文化建设学校联盟牵头单位；2020年，农民画艺术团被授予南京市民俗团称号；2022年，学校美育案例荣获省级特等奖，江苏教育电视台、《江苏教育报》和《上海教育科研》、南京教科频道等多家媒体先后对学校艺术特色文化的建设情况进行了报道和宣传；在南京市艺术展演、江苏省绘画竞赛、全国美术书法作品比赛中，"洲小"的学生都有着不俗的表现。

图 4-1 《小小农民画》课程读本

图 4-2 《鹇岛印象》课程读本

学生是教学中的另一个主体。他们既是课程资源的重要组成部分，也是课程资源开发的主体。大美育课程强调学生的主体意识，改变传统课程"灌输""刻板"的教学方式，将课堂与学生的生活经验和兴趣紧密联系起来。只有在学生经验的基础上开发出来的教育资源，才会使学生容易理解，才能充分展现课程的意义。因此，童真农民画以农民画学习为线索，构建乡土主题研究课程：在内容安排上，结合农村自然的风貌及风俗，从四季、节日、庆典等题材入手设计学习单元，确保内容设计有章可循；在开展形式上，注重艺术行走、调查、采风等前期素材收集过程，调动已有学习经验，做到理论联系实际，探寻行之有效的创作方法。学校的美育课堂让孩子真正走入生活，在生活中汲取素材进行创作，让艺术回归本真；让学生真正意识到艺术与生活的联系，在艺术的引领下，学会用艺术的眼光审视生活、美化生活、表现生活。

活动案例 4-1：农民画艺术节

操场上，百人同画百米农民画《鹧岛印象——四季》的场景显得尤为壮观。小画家们在老师的带领下拿起画笔，在斑斓的色彩中穿越鹧岛的春夏秋冬（见图 4-3）。这边桃红柳绿春风画江岸，那里五彩缤纷秋水绘龙舟……每一位观赏者都为之惊叹，惊叹于小小农民画家的大视野，惊叹于鹧岛四季的美如画。这一幅幅的精彩背后离不开鹧岛小画家们对生活的热爱，对生活的关注，对生活的执着。田野里、堤坝上、荷塘边，你总能看到一群小画家快乐的脚印，那是他们对美的追求和向往。

图 4-3 "洲小"农民画艺术节

教室里，老师带领着孩子们在有限的时空里展开无限的想象，以生活为景，乘着想象的小舟，徜徉于家乡的母亲河，让生活多了一份诗情画意，让农民画多了家乡元素，让孩子懂得了艺术的真谛。巧遇一群大白鹅，孩子们不禁脱口而出：鹅，鹅，鹅，曲项向天歌。白毛浮绿水，红掌拨清波。拿起画笔，那一点白、红、蓝、黄、绿，融入孩子们天真的想象力，生动的《鹅趣》图跃然纸上。

紫藤长廊下，绿叶掩映中，孩子们创作的一幅幅荣获全国、省、市美术竞赛大奖的农民画代表作让长廊有了文化的浸染。小画家们自豪地向来宾介绍着自己的画作。漫步田野、采挖野菜、荷塘嬉戏、田间拾穗……孩子们用画笔将童年定格，让生活变得多彩。一位专家感慨道："这些作品勾起了我对儿时的回忆，那是多年后依然清晰的充满温暖的生活画卷，小小农民画让人感动啊！"一位艺术教师说："这些农民画让我想起了安塞农民画的热烈，金山农民画的娟秀，六合农民画的质朴。"你可知道，我们的孩子虽然小，但热爱艺术的心却很大，他们说："我们要走遍农民画乡，博采众长，画出属于我们鸭岛的农民画。"

艺术画廊里，一幅幅农民画作让人目不暇接。左边是农民画乡的代表作，右边是孩子们创作的农民画，这一左一右的"对话"，让孩子们与农民画家们亲密接触，既有技艺的切磋，又有创意的交流，更有情感的交融。抬头再看，又是一片天地：孩子们的一幅幅五彩画作化成片片云朵，引领着大家驰骋在艺术的天空。这不仅是艺术作品的展示，更是一种对话——艺术的对话、心灵的对话。走在其中的人们久久不愿离开，完全沉浸在艺术的世界里。

徜徉画廊，不知不觉走进工作室中，又是别样的丰富多彩。墙壁上、桌面上、天花板上到处是孩子们的作品，置身其中，仿佛自己也成了画的一部分。来宾们纷纷拿起画笔，加入艺术创作的队伍中。小画家们耐心地为大家介绍着农民画的表现技巧、民间色彩的搭配方法,俨然成了小老师。参观的来宾笑着说:"真想成为孩子,这样我就可以慢慢学习农民画了。""这有何难?学校有农民画网络微课,有农民画校本课程,有农民画微信推送,随时都可以学习哟!"孩子们自豪地向来宾们介绍着他们的农民画学习资源,这些可都是小画家们自己的智慧结晶。童真农民画课程教学一路走来,让我们相信小孩不小,让我们相信儿童不仅是特色的受益者,更是特色的参与者。

【案例思考】

在农民画的课堂上,教师引领学生用多维的视角去感受生活之美,从自我的角度去感受农村生活,用丰富的色彩、线条和结构等元素来表现农村的景色和景象,让农村的平凡之景变得更加美好动人。孩子们在享受到艺术带来的乐趣的同时,思维更开阔,作品的形象更生动,色彩更丰富、更精彩。孩子们需要观察和感受自己周围的环境和生活,将这些感受转化为绘画作品中的色彩和形象。这可以让孩子们更加敏锐地感受生活中的美好和快乐,让他们的情感变得更加丰富和多彩。"你若盛开,清风自来",在美育的园子里,"花儿"将绽放最美的姿态。

二、以美育美,创设美的环境

"童真农民画"课程是在国家美术教育课程的基础上,结合八卦洲地域文化艺术特色资源和小学生的年龄特点,以田野学习为主要载体,进行的校本课程开发与拓展;以培养学生的审美能力和审美情感为线索,使学生通过艺术学习,逐步形成正确的价值观、必备品格和关键能力,全面提升艺术素养。

"洲小"从自然环境、家校环境、生活环境三方面入手,为学生提供沉浸式美育课程体验空间。

自然环境是发现美的最佳场所。"洲小"旁边就是广阔而又多彩的田间、地头、小河、沟渠、大江、桥梁,有缤纷的花草、多样的农作物、在田间忙碌的农民,优质丰厚的田野资源构成了学生进行观察、创作农民画的极好氛围(见图4-4)。学生走出校园就会沉浸在优美的自然环境中,在亲历中体会大自然的多样性和独特性,把自然美景转换成艺术创作,在美的熏陶中锻炼审美,提升情怀。

图4-4　同学们在田间地头寻找创作灵感

家校环境是创造美的良好载体。在校园环境方面，学校充分尊重孩子的意愿，从儿童的立场出发，不仅让孩子成为文化的受益者，更让他们成为文化的参与者。教室走廊、涂鸦墙、紫藤画廊、艺术走廊、农民画室，每一处空间都成了孩子们释放艺术热情和才华的地方；手提袋、书签、名片、钥匙扣，每一个艺术宣传品都出自孩子灵巧的双手（见图4-5）。他们让农民画悄悄地遍及校园，成为时尚。

图4-5 孩子们在画室制作农民画文创作品

校园里的"印象画廊"（见图4-6）一侧悬挂着学生创作的农民画，每一幅画都是孩子们的精心创作，表达着他们对家乡的拳拳热爱。"小小农民画工作室"是农民画社团的活动空间，门前有一条农民画艺术长廊（见图4-7），这里悬挂着农民画的名家作品和学校小画家们的作品，让孩子们能够耳濡目染地爱上农民画。"绘心榭"（见图4-8）则成了孩子们交流和创作农民画的地点，在优美的环境中，能够最大限度激发学生的创作灵感。学生和教师在这里交流艺术构思和想法，产生了无数美好的创意作品。"洲小"校园处处是景，处处皆美（见图4-9），学校通过环境的创设激发学生追求美、欣赏美和创造美的思想感情和意志行为，学生在美好的氛围中能增长知识、陶冶情操和提高审美，活得多方面的能力提升。

图 4-6　印象画廊

图 4-7　艺术走廊

图 4-8 绘心榭

图 4-9 校园一隅

在家庭方面,引导学生发现居住环境的建筑美、人文美,以及家中的劳动人物美,开展"美好生活"农民画评比活动。学生们的作品包罗万象,从中可以看到孩子们的艺术感受力和创造力(见图 4-10、图 4-11);孩子们也在不断的创作中充实自己、完善自己,使学习过程成为一次次美的探索。

图 4-10 学生作品（一）（程瑜彤《家和万事兴》）

图 4-11 学生作品（二）（朱晨阳《蟹肥菊黄》）

农民画的创作离不开实际生活，儿童学习农民画同样需要走进生活，在广阔的场域中发挥想象、抒发情感。为给孩子们打造农民画创作的生活环境，学校在校园周边建设了占地68亩的大型"野趣园"，开发养殖、种植、娱乐等生活实践。与此同时，学校联合八卦洲博物馆、村居文化站（特色示范点）、地方公园、农业合作社等，成立校外农民画艺术实践基地。从此，农民画学习有了"固定场所"，并形成了学校与街道、村居、企业互动互联、开放合作的美育局面。

三、向美而行，拓展美的活动

杜威说："教育即生长。"特色课程作为丰富学生生活、挖掘学生潜能、发展学生个性、更好地满足学生成长需要的学习内容，对于促进儿童生命的丰满生长有着独特的作用。实践证明，要实施美育，与其对孩子大讲美的概念、美的理论，不如让他们在具体可感的美的课堂中，在教育教学实践活动中，去体验、去品味、去领悟。在农民画的课堂上，美育不再是空洞的说教，不再是没有灵魂的空壳，不再只停留在一成不变的课本上，而是五花八门、五彩缤纷、各美其美的艺术。"洲小"将美和审美看作课堂教学本身蕴含的内在属性，让课堂教学的各个环节充满美感，将审美作为课堂教学的核心目标和追求。老师们带着学生走进田野，走进生活场景，通过体验、写生、拍摄等方式，多角度地观察、记录、表现生活，引导学生乐于观察、善于思考和创作，在开放性、生活化、趣味性的课堂中，生动活泼地学。教室已经不是课堂仅有的阵地。孩子走进生活，走进自然，用双眼去发现，用心灵去感受，用头脑去思考，用双手去表现。合作已经成为教学的常态，使绘画艺术与语文、音乐、品德、科学等学科有效融合，将艺术置身于教育的大环境中，注重文化感知。在农民画的课堂上，不仅是学生，就连老师们也乐此不疲，在不知不觉中涵养由内而外的气质，使得欣赏美、表现美、创造美成为一种习惯、一种自然。

"洲小"特别注重课堂的丰富性、与学生生活的关联性，期望通过丰富多样的课堂形式，帮助学生发现自己、认识自己，并最终成为自己。为此，学校在校园内开展了一系列内容丰富、形式多样、特色鲜明的美育课程活动，使学校农民画学习氛围浓厚，学生综合素养整体提升。

农民画工作室（见图4-12）：农民画工作室是农民画教学的一个重要场所，它作为课程实施的主阵地，重点针对不同年级的课程内容，通过循序渐进的方式引导学生学习、表现和创作农民画，从而提高学生的艺术素养和文化品位。在农民画工作室中，教师可以将农民画课程内容按照年级进行分类安排，营造出统一的教学氛围，让学生在一个良好的学习环境中学习。教师还可以根据不同年级的学生实际情况和学习特点，灵活调整课程内容和方法，选取合适的创作题材和教学方法，激发学生的兴趣，提高他们的学习效果。农民画工作室还可以成为学生学习和创作的交流平台。教师可以安排学生分享和展示创作成果，增强学生与学生之间的交流和合作，激发他们的创新思维和团队意识，同时也可以慢慢地培养学生的艺术价值观，让他们感受到艺术的真谛。

多彩艺术节（见图4-13）：以主题创作为内容，有助于营造艺术学习的氛围，能够激发学生的创新和创造力，培养学生的多元化思维和表达能力。通过师生同画、亲子同画、生生同画等方式，进一步促进学习、交流情感和丰富生活，从而促进和谐校风、班风和家风的形成。

图 4-12　农民画工作室现场

图 4-13 多彩艺术节活动现场

主题研学（见图 4-14）：借助假期夏令营和网络夏令营的形式，让师生们不断地开阔眼界。寻访农民画乡、学生画之乡、农民画家、农民画艺术基地，学习农民画网络课程……在艺术之旅的行走中，孩子们对农民画的认识更加透彻，表现更加自如，创作更加生动。主题研学可以拓宽孩子们对农民画的认识，使其深入理解农民画所蕴含的文化内涵和艺术魅力，对于孩子们的文化素质和人文情怀的提高具有非常重要的意义。

图 4-14　农民画主题研学

传统艺术绘（见图 4-15、图 4-16）：将美育作为学校德育工作的重要抓手，通过农民画形式的绘画表达，将传统节日、纪念日、地方传统节日活动的文化内涵更直观、生动地展现在学生的眼前，让学生认识到中华传统文化的魅力和博大精深，同时增强自身的认同感和文化自信，树立并培养正确的价值观、国家观。

图 4-15　学生作品（三）（张嘉琪《芦蒿丰收节》）

图 4-16　学生作品（四）（叶紫菡《端午赛龙舟》）

文化小使者（见图 4-17）：童真农民画的特点是具有浓厚的时代气息和亲民性。将童真农民画与地域文化开发相结合，可以让学生更好地了解并记录当地农村的发展变化和风土人情，同时也能够鼓励学生用画笔歌颂农村的美丽风光、居民的生活与工作情况，创作出具有时代气息、地域特色的农民画作品，进而使之成为推动地方农业发展、生态旅游的特色亮点。

图 4-17　文化小使者

第二节
育人视角，聚焦素养

在培养学生全面发展的过程中，美育占有重要地位，其对于人格的形成和个体的成长都是不可或缺的。尚美是中华民族的传统美德，中国自古以来就被称为"礼仪之邦"，在中华传统文化中，美育不仅仅指传授艺术形式带来审美情感，更蕴含着浓浓的家国情怀、道德礼仪。也就是说，美育不仅仅是外在的艺术美、形式美的教育，更是内在的情感美、精神美的教育。近代学者蔡元培是我国美育的倡导者和实践家，他把美育确立为国家教育的一项重要方针，提出智德体美全面发展，从而培养出既掌握科学文化知识、具有创造精神，又有高尚的道德修养和审美理想、具有献身精神的人[1]。进入新时代后，美育的概念和内涵有所创新，教育理论家滕纯提出了"大美育"的概念，他认为在所有的课程中，在一切的教学生活中，都有美育的因素，美育无时不在、无处不在[2]。美育在新时代日益受到大家的重视，2020年发布的《意见》对加强和改进新时代学校美育工作进行了总体部署，并指出：以立德树人为根本，以社会主义核心价值观为引领，以提高学生审美和人文素养为目标，弘扬中华美育精神，以美育人、以美化人、以美培元，把美育纳入各级各类学校人才培养全过程，贯穿学校教育各学段，培养德智体美劳全面发展的社会主义建设者和接班人。《义

---

[1] 郑乃臧、唐再兴：《文学理论词典》，光明日报出版社1989年版，第107页。
[2] 滕纯：《关于改变教育思想更新教育观念的问题（上）》，载《山东教育科研》1987年第1期，第5-10页。

务教育艺术课程标准（2022年版）》中也指出：以落实核心素养为主线，引导学生积极参加各类艺术活动，感受美、欣赏美、表现美、创造美，丰富审美体验，学习和领会中华民族艺术精髓，增强中华民族自信心和自豪感；了解世界文化的多样性，开阔艺术视野。

当下，我国社会的主要矛盾已经转化为人民日益增长的美好生活需要和不平衡不充分的发展之间的矛盾，正是由于社会主要矛盾的变化，才有了对美育的更高需求。我们推广美育，不是为了培养艺术家，而是为了让我们的生活有更多的艺术美感，让艺术更多地走进大众的生活。美育是培养人具备幸福力的教育。蔡元培先生曾经说过：美育就是塑造全面完整的人。美育的目的在于通过提升对美的认知，增强学生对美好事物的感知能力，让每一个孩子都成为有信念、有理想、有情怀、有素养的人，以成就丰富饱满的人生。因而，美育的基本任务是帮助学生培养审美观点和审美能力，在掌握有关美的知识的基础上，培养学生主动表达美、创造美的能力。在"大美育"背景下，教师不仅要关注学生的文化成绩，更要关注审美素养的提升，在探究实践、信息处理、创意表现等方面培养学生的爱国之情、责任担当。

"童真农民画"以培养学生的审美能力和审美情感为线索，避免单纯的技能训练，将生活资源和学生已有经验作为制定目标的前提，不仅重视技能的学习，同时注重学生思想品德及多方面潜能的发展，更注重学生的创造意识和创新能力培养，找到其"育人"的根本，促进学生核心素养的全面提升。

一、唤醒孩子对美的感知

感受美是审美活动的起点，因而也是学校美育的基本任务。学校美育的任务之一是爱护、发展学生的审美感受力，使之更加敏感、细腻，更加丰富。为此，学校美育应当充分展示自然、艺术、社会和教育本身所蕴含的美的因素，从而养成学生热爱美、欣赏美进而创造美的动机。

生活中从不缺少美，缺少的是善于发现美的眼睛。作为艺术教师，我们所要做的就是培养学生善于发现美的眼睛。而要想提高学生感受美的能力，绝不是靠说教，而是引导学生去看、去感受、去参与，只有在场景中得到体验，才能真正理解美。"童真农民画"课程伊始，孩子们对于农民画是比较陌生的，作为民间艺术的"后起之秀"，农民画还没有达到家喻户晓的程度。如果孩子们不知道什么是农民画，不了解农民画的创作语言，又怎能画出生动的农民画呢？所以让孩子认识、了解农民画是创作的首要前提。怎样去认识和了解呢？在美术学习中有句老话："你看到了多少，就知道多少，也就画多少。"首要的目标是让学生"看"。这个"看"包含着两层含义："看什么"和"如何看"。首先是"看什么"。这里重点在于教师，教师要帮助孩子确立看的内容。农民画在约70年的发展史中，诞生了陕西户县、上海金山、山东日照、南京六合等具有自己鲜明特色的农民画风格，教师可以将这些农民画分门别类地进行整理收集，并根据本地的地域特色选择最接近的农民画风格，帮助孩子进行进一步的研究。其次是"如何看"。这里的重点在于孩子，孩子应该有目的地研究"看"的内容。在"看"的这一过程中，教师要从三个方面进行引导：

一是农民画中表现的内容。这里指的不仅是一幅画表现的主题，也包括画中的具体表现对象。教师可以通过让孩子对比观察多幅农民画中同一表现对象的异同之处，帮助孩子总结出农民画的一些创作技巧。如农民画中树是非常常见的，孩子在对比多幅作品中的树后总结出：在现实树的基础上，农民画中的树进行了一定的夸张、变形和图案化处理。

二是农民画中的色彩。农民画在用色上虽与儿童画相似，但也有所区别，区别之一就是农民画中包含着许多民间的色彩审美观。教师可以引导孩子观察画中的一些色彩搭配规律。为了帮助学生更有实效地进行观察，可以指导他们制作色卡。在制作色卡的过程中，教师可以指导学生总结一些常见的配色技巧，并通过对不同颜色的混合、搭配等进行实验研究，帮助学生理解色彩的基本组成和应用。同时，学生也可以在制作色卡的过程中进行系统化的分类和整理，这样对于相关的知识点会有更深入的认识。通过对色卡中不同颜色的比较和搭配，学生能够更加准确地选取和运用颜料，并使作品更具有艺术感和个性化。

三是农民画中的装饰元素。农民画具有强烈的装饰感，这不仅反映在色彩和表现内容上，同时也反映在具体形象的装饰点缀上。在装饰风格上，农民画吸取了剪纸、年画、刺绣、玻璃画等民间艺术的装饰图案。学生在观察中发现点、线、面的自由组合，花草、鱼虫等各种常见的民间装饰图案涵盖其中。

教学案例 4-1：《青花盘》

一、教学目标

1. 认知领域：通过欣赏青花盘和青花瓷作品，了解祖国传统文化的艺术特色。

2. 操作领域：尝试设计新颖、别致的青花盘；学会在圆盘内设计画面，能用毛笔蘸花青或酞青蓝色表现出浓淡变化的水墨效果。

3. 情感领域：培养学生欣赏美、表现美的能力；激发学生对祖国传统文化艺术的热爱之情。

二、教学重点

学会在圆盘内设计画面，能用毛笔蘸花青或酞菁蓝色表现出浓淡变化的水墨效果。

三、教学难点

画面的安排要适合圆形画面；简洁、生动，线条流畅。

四、教学准备

收集有关青花瓷和青花盘的图片实物资料、教师范作、纸盘、颜料等。

五、教学过程

（一）导入新课

师：同学们，今天老师给大家带来了一件非常漂亮的艺术品。（教师出示青花盘）是什么呀？

生：青花盘。（揭示课题，板书"青花盘"）

师：哦！是青花盘。这可是真正的古董哟！那你们知道它为什么叫青花盘吗？

青花其实是一种色彩。（教师展示花青色）在中国古代，蓝色被称为花青，用花青色装饰的盘子，我们称为青花盘。

师：老师请一位小朋友摸一摸青花盘，说一说摸到的感觉。（请一位小朋友摸一摸青花盘）

生：盘子表面很光滑。

师：上面的图案能擦掉吗？

生：擦不掉。

师：青花盘上的图案之所以擦不掉，是因为它已经经过了高温烧制。（课件呈现钴土矿）同学们，你们知道这是什么吗？它看起来像泥巴，其实它是一种矿物颜料，叫作钴土矿。工匠们就是用这种灰黑的钴土颜料绘制在盘子上的。你别看它是灰黑色，经过上釉，再经过1300摄氏度左右的高温煅烧，它就会变成我们现在看到的青花盘了。

其实，早在元代我国就有青花盘了，距今已经有700多年的历史了。

特别是到了清代它变得越来越美丽、精致,连一些外国的国王都把它当作宝贝收藏呢!(这里一边介绍一边出示古代青花瓷器代表作品)今天我们就来学习画一画青花盘。

(二)讲授新课

1. 欣赏图片(见图4-18)

师:之前老师已经创作了一些青花盘作品,这些美丽的花纹都装饰在盘子的什么部位?(盘心、盘边)

图4-18 青花盘作品(一)

盘心通常装饰各种漂亮的大图案,也称主题花纹。而在盘边,人们往往会装饰上花边,我们称为盘边花纹。装饰盘边花纹的目的就是烘托盘心的主题花纹,让这只青花瓷盘看起来更美丽。

师:这两只青花瓷盘上的装饰花纹是如何排列的?

围绕盘心,按顺序排列开来。(观察盘边布局,了解盘边"有规律排列花纹"的装饰要点。边上的花纹比中间的花纹要小一点,边上的花纹要排好队,不能乱画)

2. 继续欣赏 （见图 4-19）

图 4-19　青花盘作品（二）

师：看了这么多盘子，我们可以在上面画些什么呢？

总结：古代的人们很聪明，把日常生活中人们熟悉的花草、动物、人物、风景等各种美好的东西都画在了瓷盘上。所以，这些瓷盘不仅具有实用价值，而且具有欣赏价值和收藏价值。（板书表现内容为动物图、花草纹、人物风景图等等 ）

3. 教师范画

师：欣赏了这么多美丽的盘子，我看见许多同学已经跃跃欲试了。别急，先来看看老师设计的青花盘好吗？（出示半成品荷花盘子）同学们，你们觉得这个盘子这样算画完了吗？你觉得还少了些什么？

（学生通过观察，发现这样太空，需要在盘子周围添加花边）

师：花边是由哪些内容组成的？

生：花瓣、花朵、花草、形状……（花边主要起衬托的作用，当盘子中心的图案丰富时，则采用简洁的形状、线条等装饰花边；当盘子中间的图案比较简单时，就要采用丰富的图案来装饰周围的花边。虽然只用一种蓝色，但可以通过控制水分的多少来调整颜料的浓淡，表现水墨画的韵味）

（三）学生作业

师：老师的这张盘子在大家的共同努力下已经完成了，除此之外，老师还带来了许多漂亮的青花盘。（打开帷幕，出示范作青花盘）同学们也来自己动手画一个漂亮的盘子吧！

作业要求：

1. 画面内容新颖独特。

2. 用笔简练流畅，色彩层次丰富。

3. 构图饱满，画面安排要适合盘子的形状。

师巡视辅导学生在纸盘上创作练习。

（四）作业展评

组织学生参加青花盘展览会，适当点评自述创作体会及学习收获，同时指出一些学生出现的问题。自评、互评，让每位学生体验成功的乐趣，增强学习自信，更好地激发他们的创作热情。

（五）课外延伸小结

师：随着社会的进一步发展，青花盘制作无论从色彩上还是从造型上都变得更加丰富。它既可以作为日常用品，又可以作为装饰品。我希望同学们能爱上这种民间艺术。同学们也可以用今天学到的本领去装饰美化我们的生活，让我们的生活变得更加丰富多彩。

（案例提供者：徐长虹）

【教学感悟】

本教学案例将国家课程与校本课程有机结合，围绕传统民间艺术——青花，让国家课程因校本课程的发展而更加富有内涵。一方面，将农民画与其他民间艺术类型有效融合，启发儿童对美的理解和感悟，通过引导儿童探究传统文化和艺术形式，让他们了解中国传统文化的深厚底蕴和精髓，培养他们的文化自信和民族自豪感。另一方面，将农民画与其他民间艺术类型结合起来，不仅可以丰富农民画的艺术表现形式，还可以让孩子们在学习中获得更多的启发和灵感，提高他们的创造力和想象力。

在课堂上，教师没有直接让学生进行青花盘的创作，而是让学生先去看，去观察青花盘的花纹特征，了解青花盘背后的传统文化和美学特征，感受古代匠人的勤劳与智慧。在充分感受青花盘之美的过程中，激发学生对青花盘的好奇心和创作热情。教师采用观察、感受、探究的方式引导学生进行学习和创作，让学生在自主探究的过程中不断地发现、体验和创造，从而更加深入地理解和掌握农民画的精髓和技法。这种教学方式不仅能够提高学生的学习兴趣和积极性，还能够培养他们的自主学习能力和创新能力，为他们未来的发展奠定坚实的基础。

二、让孩子成为能鉴赏美的人

鉴赏美包括鉴别和欣赏两个方面。前者表现为对美与丑以及美的质量层次的判定；后者是对审美对象进行审美活动的心理过程。但是后者只有建立在前者的基础之上，才可以说个体具有一定的审美鉴赏能力。学校美育既要教会学生正确地鉴别美的内容，也要使他们具有欣赏美的能力。

在当下文化多元的环境下，鱼龙混杂，亟须培养学生鉴别美丑的能力。从鉴别艺术到鉴别周围的各种现象，通过培养鉴别美丑的能力，帮助学生树立正确的价值观，理解什么是心灵美。孩子欣赏美的能力，往往从鉴别事物的表面现象开始。有了鉴别美丑的能力，还要有感性的经验。例如，让孩子们画一幅关于大海的农民画。如果孩子没有见过大海，没有对大海的直观认识，那肯定无法创作出有生命力的作品。因此，需要让学生融入环境去感受、去体验。对所见所闻的观察、体验和记录，是通向美的世界的第一个窗口。因此，我们要给孩子提供足够的空间，用真实的世界去唤醒他们内心对于美的追求和热爱。正如苏霍姆林斯基所说："对孩子来讲，他亲手在泥瓦盆里从幼苗培植起来的那棵花草，尽管并无惹人注目的姿色，也是无比珍贵。"[1]

在传统的美术课堂中，课堂教学比较程式化，一般先是课堂导入、初步感知和深入探究，而后进行学生创作、作品展示和拓展延伸，整个课堂被分割成明显的两个部分。对于学生而言，仅在课本、课件中欣赏艺术作品是远远不够的，学校老师应该为学生提供多元的鉴赏美的场景。在童真农民画的课堂上，"洲小"老师从主题出发，突出学生的主体地位，探索教学流程设计的新思路。为了让学生更好地了解农民画的生活素材，"洲小"老师不拘泥于简单的语言、图片介绍，而是带领学生走出教室，走进自然，走进田野，走进生活，去看一看路旁的树，听一听流水的声音，感受大自然的色彩和气息。在真实的场景中，学生不仅能够放松身心，还能够沉浸其中，产生创作的灵感。一切的美好始于课堂，但又不限于课堂。只有不断拓展美育课堂的外延，将美育延伸到学校生活和社会生活的方方面面，才能让学生在活动中发现美、欣赏美，才能真正让美育的种子在学生的心里生根、发芽。

在前面"看"的基础上，孩子已经对农民画有了较清晰的认识，可是这时候的孩子仍处于"眼高手低"的阶段，要想真正创造属于自己的农民画，还须经历研究实练的过程，即从临摹借鉴到创作的过程。有的老师不喜欢学生临摹，认为临摹是呆板的，不利于锻炼学生的创造思维。其实临摹借鉴是基础，创作才是目的。如果只是让孩子机械地模仿，孩子在学习了绘画技法技巧的同时很难掌握创作的技巧。因此，我们提倡的临摹借鉴

---

[1] 冉乃彦：《和中小幼教师谈美育》，山西教育出版社2019年版，第47页。

并不是简单地照本宣科，而是依照孩子的创作能力与观察视角而进行的循序渐进、不断改变的半创作过程，最终实现创作的目的。

1. 简单元素的替换。即将一幅画中的单一元素，如树、房子、人物等，进行整体替换。在不做大的改动的基础上，将其中一种形象改头换面，进行简单的创作小练习。这样的实践难度不大，孩子"伸伸手就能够得着"。

2. 画面元素重整移位。即结合自己的生活体验，对一幅画中的多个元素进行构图上的重整，以呈现出别样的画面效果。画面的元素也可以根据画面需要进行增删。

3. 画面内容与形式的互换。即将两幅农民画中的内容形式互换，即 A 画内容取 B 画的构图形式再创造，或是 A 画的构图取 B 画的内容再创造。

4. 画面内容或形式的替换。即选择一幅农民画，保留其表现内容，根据自己的想象和记忆，重新设计构图，也就是换个视角；或是保留构图形式，根据自己的感受，替换成同样适用于该构图的其他表现内容。

5. 同题异构再创造。即拟定一表现内容，孩子根据同一内容进行命题构思，将大家的设计稿进行集体性的交流，融会贯通，最后整合出最优化的画面，再根据其进行创作。这其实就是集思广益，借助集体的力量，提升作品最终的质量。

以上五点可以看作临摹借鉴的五部曲，由易到难，这种递进式学习方法类似盖房子。从建筑学的观点来看，如果想要建造的房子结实、坚固，"基础"甚为重要。这五点就好比学习农民画的根基，只有根基打牢了，建造的大厦才能盖得越高越大。

活动案例 4-2：童眼看街巷

"青砖小瓦马头墙，回廊挂落花格窗。"南京秦淮区的老街老巷，以它特殊的言语默默地向当代人讲述着一个个令人魂牵梦萦的老南京故事。

"洲小"版画社团的孩子们在美术老师们的带领下,乘着"2019秦淮灯会·《童眼看街巷》南京少儿绘画比赛"的东风,来到夫子庙、老门东,以版画形式亲历触摸、亲身感受南京的老街老巷(见图4-20)!

从采风到创作,从刻板到印制,孩子们的表现技法在提高,审美意识在提升,一幅幅精彩作品的背后是对美的不断追寻(见图4-21至图4-24)。

图4-20 学生在夫子庙艺术采风

【案例思考】

这一次的农民画课堂真是别开生面,将课堂移到了室外,选择了南京著名景点夫子庙作为实地考察的目标。虽然许多学生都曾经去过夫子庙,但是要求他们能够深入细致地描绘出夫子庙的建筑风格和街道陈设,仍然非常具有挑战性。只有亲自前往现场,孩子们才能够在精准的指导下去观察建筑的细节,欣赏模具和陈设的美丽,深入理解家乡的人文记忆,从而大胆展开想象，积极投入创作的过程中。

　　现场教学不同于传统的教室授课，它可以让学生亲身感受环境的氛围，提高对知识的接受度和理解率。在夫子庙这样一个具有浓厚历史人文底蕴的地方，学生们能够感受到古代人文智慧的魅力和美好，也能更好地理解学习内容。同时，现场观察也锻炼了学生对周围环境的感知和探究能力，使他们受益终身。

图 4-21　学生作品（五）（朱晨阳《大红灯笼高高挂》）

图 4-22　学生作品（六）（刘悦《巷之印象》）

图 4-23　学生作品（七）（耿悦《西市小巷》）

图 4-24　学生作品（八）（周紫怡《月下》）

三、让每一个孩子拥有创造美的能力

"创新是一个民族进步的灵魂，是一个国家兴旺发达的不竭源泉，也是中华民族最深沉的民族禀赋。"近年来，习近平总书记在各种场合都强调要激发创新创造活力。创造性是孩子全面发展的重要动力。美育的根本目的，就是引导孩子去创造一个美好的世界。因此，培养学生表现美、创造美的能力是以美育人的核心。学校美育在培养学生丰富想象力和激发创新意识、创新创造能力方面具有不可替代的优势。

孩子创造美的能力是在他们能够自主感受美、鉴赏美的基础上，依照自身情况建立起审美标准，通过亲身实践和经验，进行美的创造的能力。一个课堂优秀与否，评价标准是看它能否实现"主导"和"主体"的最佳结合，能否体现学生是课堂学习和个性发展的主体，能否体现师生协调一致、思维定向、心理同步，能否形成教与学的共振、合力。

　　在童真农民画的课堂上，教师放手让学生去看，去感受，去理解每一幅农民画所要表达的思想情感，引发学生的求知欲，调动学习兴趣。随后，教师再引导学生去分析画者运用了怎样的构图技巧，融入了哪些元素，采用了怎样的色彩搭配来表达该幅画作的主题和情感。儿童的视觉思维往往是对客观存在无逻辑的感性认识，儿童的绘画创作更倾向于自身原创的想象力，在他们的创作中小花小草都会唱歌、跳舞。艺术创作恰恰需要这种儿童原发的幻想和冲动。传统农民画中更多体现的是成人对事物的看法，装饰感很强，但艺术的想象力没有儿童大胆。创作主体存在的这种创作差异引发了笔者的思考：我们是否应该尊重孩子这种原发的体验状态，顺应孩子的天性，向农民画中融入更多的想象力呢？由此脑中迸发了很多灵感：形象再夸张些，构图再灵动些，对表现对象的时间和空间加以颠覆……于是，笔者开始和孩子们一起携手并进，大胆探索，积极创新。

　　例如，教师在执教《大公鸡穿花衣》一课时，首先以情境导入有效激发学生学习积极性。大公鸡在乡村随处可见，那如何才能用农民画的形式来表达大公鸡呢？首先带领孩子们一起学习大公鸡背后的文化：鸡与吉谐音，大公鸡有大吉的意思，所以广受人们的喜爱，人们常在家中挂上一幅含有鸡的图像的画作。且中华民族历来崇尚红色，鸡冠上艳丽的火红，正寓意着生活的红火、家庭的兴旺。因此，大公鸡的背后蕴藏着人们对幸福生活的向往。了解传统文化，可以帮助孩子们更好地进行主题元素的选择与颜色的搭配，使得画面更加艳丽、醒目，主题更加突出。同时，教师组织学生以小组为单位，积极创设故事情境，帮助学生展开联想，创作出夸张变形、构图饱满、装饰性强、不拘风格的农民画作品（见图4-25、图4-26）。

图4-25　学生作品（九）（程瑜彤《比比谁美》）

图4-26　学生作品（十）（王远馨《酉鸡》）

通过基础性的练习，孩子们已经能够灵活变通地创作农民画，作品已经具有一定的观赏性。而这个时期，孩子们的创作会迎来一些不小的困扰，进入创作的高原期。

（一）第一个高原期：疲惫期

农民画细腻精致，表现内容多而烦琐。孩子们在创作的整个过程中用得最多的笔是很细的勾线笔，在勾勒形象时因为细小，常常要非常小心，这与孩子无拘无束的天性有些不符。这不禁让人想到：孩子是不是不太适合画农民画呢？在与孩子们交流后发现，他们是非常喜欢画农民画的，只是不喜欢它的烦琐。由此引发了笔者的思考：能不能将农民画改变得更适合儿童绘制呢？

在对比儿童画与农民画时发现，农民画在创作的视野上更加成人化，表现的内容视角更加广阔，甚至有些作品采用的是中国传统绘画的散点式构图；而儿童的视野由于其年龄、思维的局限，往往停留在对一些事物的具体的微观的表现上。如果让孩子用成人的方式创作，他们就会有些力不从心。因此，战胜疲惫期的方法就是让孩子去表现他们眼中农村生活的情景，也就是将孩子的创作聚焦到成人农民画表现的一个具体的点上，将其放大。如农民画中经常表现农场、池塘、人家等等，孩子们不需要画那么多，可以聚焦农场，甚至聚焦到一两个动物身上去表现。实践证明，这样的构想使孩子们的农民画焕发出别样的生命力。愉快的情绪转化到创作中，作品又有了别样的精彩。很多孩子一改原先中规中矩的表现，将他们对儿童画创作的一些想法融入其中，画面构图充满了动感的 S 形、发散状……农民画有了"儿童版"。解决了创作中技术的难题，孩子们乐此不疲，创作热情空前高涨，但继而又出现了新的问题。

（二）第二个高原期：灵感枯竭期

农民画取材于农村生活的方方面面，如农村风光、风土人情等等，在广阔的大自然中，可以创作的素材有很多，但我们的孩子在创作中却出现了不知道该画什么的问题。孩子们表示，好像能想到的都画了，想不到还有什么没画过。雕塑家罗丹说过：生活中从不缺少美，缺少的是发现美的眼睛。在之前的创作中，孩子们大多是凭借自己的生活经验，但孩子们对于生活中素材的捕捉是随机的，缺乏目的性，这样就导致孩子们在创作时对于画面所设计的场景概念比较模糊，缺乏清晰、生动的印象。没有认真细致的观察当然画不出生动的画面。农民画的作者也并不专业，为什么能画出生动的画面呢？就是因为他们表现的是和他们生活息息相关的事物，每天都能亲身经历，耳濡目染，自然有深刻的体会、生动的表现。而我们的孩子虽说生活在农村，但由于学业繁忙，真正接触农村生活、体验农村生活的并不多。在观察时间有限的情况下，用照相机将生活中感兴趣的内容拍下来应该是最直接的方法了。

在接下来的创作过程中，笔者鼓励孩子用镜头记录生活的方方面面。由于有学习的热情，孩子们在短短几天内就拍了几百张生活图片，涵盖了生活的各个方面。素材丰富了，创作灵感也就不断地涌现了。甚至有孩子发现，曾经表现过的内容，换了个场景、角度、对象，又能产生全新的画面感。这充分说明当孩子们在美术学习里能够把独立思考、自主解决问题的知觉习惯通过自己不断的尝试与坚持转化为个人生活方式的一部分的时候，他们将会迎来全新的体验和巨大的飞跃。体验是一种发现，体验是探索过去不曾接触过的事物，体验是对问题的自主解答。

初期孩子们的镜头记录还是随性的，笔者继续思索：能否有目的地让孩子们进行资源的收集、跟踪采风呢？农民画是富有地域特色的民间艺术，我们能否发掘出我们的地域特色呢？带着这样的问题，"洲小"的教师团队对本地的风土人情做了一番调查。八卦洲有独具特色、享誉海内外的野菜种植，有富有农村特色的文化艺术节，有诱人的农家乐生活体验项目，等等。如果对具体的有针对性的主题内容进行采风，那我们的农民画不是更具特色吗？由此进行了更有针对性的主题性资源的收集。孩子们打开思路，设计了农家乐、四季风光各不同、八野飘香、荷等主题内容。明确了主题，孩子们收集资料更有激情了，创作出了更加细腻生动的系列作品。

在整个创作的过程中，笔者有种豁然开朗的感觉。孩子是人类文化的传承人，传承不是继承，它是传递、接续、承接、沿袭、创新，旨在"传"，意在"创"。对民间艺术的学习同样需要我们在延续的基础上赋予它新的符合时代的生命力。在对孩子的教育中，我们更应该把"创"时时刻刻放在首位。

教学案例 4-2：游走于"冷静"与"火热"之间

【案例背景】

新课标提倡在广泛的文化情境中认识美术特征。"文化情境"一词标志着艺术的呈现形式一定有其特定的文化背景。只有在"文化情境"中才能真实、深刻、全面地感知艺术品。以下以苏少版《门、窗、墙》一课为例，呈现笔者和学生们探索艺术文化的"旅程"。

环节一：墙，以简代繁的水墨小品

（教师出示一张课前准备的裱好的白色宣纸）

师：同学们，老师手里拿的是什么？

生：一张宣纸。

师：宣纸是中国文房四宝之一，更是水墨画必不可少的作画材料，下面老师就来即兴创作一幅水墨画。

（教师现场示范墨竹图）

师：任何艺术创作的灵感都来源于生活，那么老师的创作灵感来自哪里呢？下面就跟随老师的脚步一起去苏州园林中寻找吧！

（学生欣赏园林景色，教师引领学生寻找画中之景，感悟园林的建筑

之美)

师：园林的白墙就如我们手中的宣纸一样素净，但有了俊秀的青竹的加入，就变成了一幅自然天成的水墨小品了。园林的墙体就像绘画用的宣纸一样，为园景的一花一木、一湖一石创造了存在的背景，使这些景色更为突出，更有层次感。下面就让我们一起来寻找这一幅幅水墨小品吧。(板书：以简代繁的水墨小品)

(学生用取景框探寻白墙的艺术之美)

师：白墙简约不简单，它可是会"说话"的哟！(镜头拉长，继续感受园林建筑之美)

师：白色的墙体之上，还有哪些建筑元素？

生：有黑色的瓦片。

生：有漏窗。

生：还有造型有趣的门。

师：白墙黑瓦是苏州园林墙体的典型特征，又被称为"粉墙黛瓦"。在这里，粉代表白色，黛代表黑色。黑和白的搭配给你怎样的感受呢？

生：黑和白能形成强烈的对比，简洁而大气。

师：不要小看了这黑与白搭配的墙体，因为地势和建筑美感的需要，它也有很多艺术样式。

(欣赏平墙、坡墙、云墙带来的节奏美)

师：这一黑一白，加上园内的景色，同样是画家喜爱的创作对象哟。

(欣赏吴冠中的园林绘画作品)

师："粉墙黛瓦"看似简单，但只要你用心发现、用心布局，它就可以变成精美的艺术作品。不仅"粉墙黛瓦"有艺术美感，墙体上的门和窗同样有着丰富的艺术语言，让我们进一步去探索。

环节二：门，妙趣横生的景中之景

（教师课件出示园林中门的特写图片）

师：之前，有同学说苏州园林中有趣的门造型，你能和我们详细说说自己的想法吗？你最喜欢哪一个门，为什么？

生：这些门形状各异，有圆形、八角形，还有花瓶、葫芦等特殊形状的。我感觉古人好"潮"啊，我们现在的门基本都是方形的，缺乏想象力。

生：我喜欢花瓶形状的门，看起来特别优雅。

…………

师：在我们的印象中，古人是很保守的。其实不然，他们也十分浪漫，这种浪漫更多地隐藏在生活中，表现得十分含蓄内敛。

（教师课件出示"月亮门"）

师：同学们，这个圆形的门就有着非常动听的名字，叫"月亮门"。你们看它的形状像不像一轮满月？夜晚，人们常常抬头望着满月，生发无限的遐想，"月亮门"也让我们浮想联翩。

（教师课件出示"月亮门"中的四季之景）

师：在这里，门已经不仅仅是园内的通道，更是一个个形态各异的取景框，让我们惊喜地捕捉到园林中丰富的画境之美。门本身造型独特，形成一道风景，门内的假山、芭蕉、石径与圆形的门巧妙地组合成另一道风景，景中有景，妙趣横生。（板书：妙趣横生的景中之景）你们看，古人是不是又浪漫又聪明？

环节三：窗，隐约之间的虚实相生

师：不仅是门，园林中的窗也有异曲同工之妙。杜甫的诗中说过"窗含西岭千秋雪"，表达的正是这种方寸之间无限风景的意境之美。让我们再来透过园林的窗感受这种如画的美景吧。

（小组讨论，归纳出窗的样式，分享研究成果）

生：园林的窗形状比门的形状还要多，有六角、扇面、石榴、梅花等形状，让原本单调的墙面变得生动有趣了。

师：园林的窗，连续开设，形状各异，被称为"什锦窗"，什锦在这里表示花样繁多。你们看，花样繁多的窗，一眼望去就像是会说话的眼睛，造型灵巧，生动活泼。

生：老师，我还发现有的窗户是空的，能一眼望到窗内的景色；有的窗户上有花纹，这些花纹都是镂空的。

师：你观察得很仔细！这种镂空的窗，我们称之为"漏窗"。那透过漏窗你能看清其中的景色吗？

生：能看见，但看得不清晰、不完整。

师：在这些花纹的遮掩下，园内的景色若隐若现，能够营造出前实后虚的层次美，更加表现出了古人崇尚含蓄。（板书：隐约之间的虚实相生）

生：漏窗的花纹有好多种样式。

师：仔细观察，大家能不能试着归纳出花纹的种类？

生：有几何形的，也有图案的。

师：漏窗花纹多数以弯弯的瓦片、薄薄的砖块、木头等搭砌而成，所以很多花纹的造型是以直线和弧线为主。到了近现代，还衍生出许多生动的人物、山水、花鸟形象。感兴趣的话，大家可以课后进一步了解。

……

（小组合作，表现门、窗、墙）

用白卡代替墙，用黑卡代替瓦，直接在园林风景图（A4纸打印）上绘制窗和门，剪贴在墙体上。

小组代表手捧作品，拼接成长廊，制造出百转千回、意犹未尽的艺术效果。

【教学感悟】

  这节课将学生日常所见的生活场景融入课堂学习中，引领学生去观察、感悟生活的美好，探索美好生活与课程美育之间的联系，探寻课程美育构建美好生活的实现路径。从艺术审美的视角来看，日常生活中也蕴含着美的元素，简单的生活场景也能引发充满诗情画意的联想。我们要拥有一双善于发现的眼睛，去探索生活中的小美好，并能够运用多种多样的方式去表达和创造生活中的美好。首先，我们要有热爱生活的态度。热爱生活才能让艺术变得更鲜活，带着对事物的无限好奇，你才会去研究、感悟，从而打通生活和艺术的通道，在寻常事物中给孩子展现出别样的精彩。其次，我们要有艺术发现的能力。许多美术教育者关注的是已有的艺术经验，比如学校老师教授给自己的那套东西，这种故步自封的教学方式无法充分引导学生的创新思维。教学工作的角色转化后，面对纷繁复杂的教学内容，教育者往往会显得束手无策，因为这些内容在之前的教学课上从未出现过。为了应付这种情况，一些美术老师成了知识的"搬运工"，缺乏对艺术的发现与感悟，这对学生的想象和创造力造成极大的限制。然而，真正好的课程教学所需要的关键因素，便是能够最大限度地激发学生的创新思维和创造力。这就要求美术教育者必须具备对生活中的艺术进行创新发现的能力。

  正如《门、窗、墙》一课，教师不仅仅是让学生了解它们的艺术样式，只停留在表现它们形式美的层面上，更关注这些艺术样式形成的文化背景和艺术规律，如白墙与中国水墨画的内在联系、门窗造型与中国古代浪漫主义的内在联系。这就需要我们有透过现象看本质的本领，需要我们有一双敏感的艺术之眼，用已有的艺术经验去审视、追问、感悟，将对艺术的理解置于人文背景中。在这一过程中，学生设身处地地感受中国园林建筑的艺术形式美，充分调动了主动参与艺术创作的积极性。

丰子恺先生说过："小孩子是天生的艺术家，有敏感、丰富、真挚的情感。"过去的美育，过于注重对儿童技能的培养，却忽视了对儿童想象力、创造力及审美综合素养的培养。艺术是一种多维度的探索和表达，要仔细观察、积极思考、大胆想象，只有打破惯性思维，才能发掘出艺术无限的可能性。对孩子进行美育，就要不断培养孩子对美好事物的追求，使他们热爱生活、乐观自信，在帮助他们欣赏美、表现美的过程中，创造出更加丰富多彩的世界。

四、让孩子拥有热爱美好生活的品质

没有美的滋养的人生必然是单调的、干涸的人生。习近平总书记在2018年的全国教育大会上说道："如果青少年的精神世界没有童话、歌谣和大自然的云彩、花朵、鸟叫虫鸣，如果青少年的心灵世界没有动人的音符和丰富的颜色，如果青少年没有艺术爱好和艺术修养，不可能全面发展。"美育要能够提高孩子们追求人生趣味和理想境界的能力，让他们成为有担当、有本领、有素养的人。除了陶冶情操、塑造品格外，美育能够给予我们的还有对生命的感悟，对人性的理解，对文明的接纳和认同，对未来的美好愿望。注重对每一个儿童精神世界、文化世界的培养，让每一个儿童都能够拥有美的修养，内心足够强大，他们的幸福感才能日益增强，才能拥有追求美好幸福生活的动力。因而，学校美育的根本任务是要使学生具有发现和创造美好生活的基本能力，从而努力追求高品位的生活、高境界的人生。

童真农民画课堂改变了学生艺术学习中被动机械的问题，达到了提升农村儿童生活品质、艺术素养的目的；激发了学生艺术表现的内驱力，培养了优秀的艺术传承人；实现了艺术教育更加"生态化"发展。在童真农民画的课堂中，强调了一种开放式的教学方法，教学形式和内容因孩子们的不同需求而定，没有单一的固定课程。这种教学方式虽然看起来随意，但却是为了达到显而易见的教育目标而经过精密策划和设计的。即使每一节课的内容和形式都不一样，但老师们认为，通过这种方式能够不断推动孩子们向更美好的方向靠近，让他们热爱生活并愿意去创造美好的生活。

在童真农民画的课堂上，注重培养孩子们的创造能力和想象力。老师鼓励孩子们通过观察、描绘、创建作品等方式去探索世界的不同面貌。通过这种方式，孩子们将会对自我和周围的环境都产生积极的影响。他们会不断去挑战自我，尝试新的事物，从而不断地靠近美好的生活。同时，童真农民画课堂也着重培养孩子们的生活态度和价值观。通过教育，孩子们可以更认真地对待生活中的每一个细节，懂得如何去欣赏生活的美好，从而在追求美好的人生之路上走得更加扎实。这样的生活态度和价值观将会成为孩子们追求幸福和成功的有益指导，对他们今后的创新和创造也会产生积极的影响。

童真农民画课堂始终以课堂实践问题为导向，关注课堂教学的动态生成，将美育教学目标贯穿在教学活动中，突出学科审美素质培养要求，努力打造审美课堂；注重创设民主、和谐、愉悦的生态教学环境，师生能平等互动，体现审美教育功能，努力打造生态型课堂；能根据美育教学目标，创设生活情境，引导学生好奇、提问，让学生在自我实现中探索世界、发现世界的美、创造美好的生活，打造探究型课堂。

以"洲小"3~6年级的学生为主，相关的教师与学生的家长为辅，童真农民画课堂从内容、形式和情感上进行创新构建，力求通过孩子们喜爱的艺术课堂学习使其提升人生境界，尽情绽放生命的风采。

内容上，针对9~12岁写实萌芽期的儿童展开研究，以地方艺术特色——农民画为抓手，引领学生进一步探寻乡土文化，形成主题式的乡村文化艺术名片。

形式上，通过行走、采风等丰富的艺术体验，为艺术表现奠定基础，将研究、实践、体验、验证、设计贯穿在美术学习的过程中。

情感上，培养学生自主探索、独立思考、大胆表现的艺术学习习惯，提升农村孩子的自信心。

在课堂授课中，不仅要让学生知其然，更要让学生知其所以然，从技术的学习引入能力的培养，使学生真正意识到艺术与生活的联系，在艺术的引领下，学会用艺术的眼光审视生活、美化生活、表现生活，用自己想要的方式去实现自己的理想。

多年来，学生在农民画的学习中收获了自信，在展示活动中赢得了掌声。荣誉的背后，改变的不仅仅是农村孩子的生活学习状态，也改变了他们原本对农村落后的认知。热爱家乡的种子在生根发芽，这群农村娃娃活跃在"美丽家乡我代言"的舞台上，为乡村振兴发挥着自己的光和热。

第三节
田野采风，释放天性

　　自然是世界的本源，人类是自然的一个部分。让学生亲近自然，对于学生的艺术学习、全面成长有着重要的作用。乡村学校更应有意识地让孩子接触大自然、喜爱大自然。农村自然资源丰富，深受学生喜欢，且农村的学生都有一定的生活经验，教师也对自然环境及相关知识的掌握较为充分，在课程设计中能充分利用自然环境和自然物质，达到培养学生创新精神的教育目标。"洲小"确立鸥岛文化的初衷就是要让孩子们从教室走向田野，引导学生在田野中寻找自然的味道，积累直观的生活经验，学会知识的灵活运用，获得自然的成长。根据鸥岛的特质，"洲小"将小学阶段的国家课程和田野资源有机融合，寻找田野学习和儿童成长之间的契合点和关联处，让学生回到田野现场，亲身参与，实现田野资源利用的最大化。"洲小"所创的田野学习样态，就是以学生的发展需求为出发点，将儿童的生活融入课程，将学生和教师从学校中解放出来，回归大自然，顺应孩子的天性，保护孩子的好奇、纯真。它注重对学生实践能力的培养，让学生具有自尊、自信、自强、自律的品质，在懂规则、讲规范的同时更加自由、活泼、开朗、奔放；既有美丽悠深的乡土之情，又有宽广的胸怀，放眼世界，志存高远。

　　在田野学习的理念引领下，田野已成为"洲小"学生学习的主要课堂。在美育领域，田野成为教育主阵地，田野采风更成为学生艺术感知的最有效手段。教师们带领学生大胆开启了"田野采风"农民画创作实践行走，在"访民间"中，观察农民生活的酸甜苦辣；在"游水乡"中，捕捉桃红柳绿的自然风光；在"忆流年"中，体会着四时耕作的生机勃勃；在"绘家风"中，感受着融入血液的忠孝仁义。"田野采风"给予农民画学习更多的激情、更多的灵感、更多的惊喜。鹛岛不同季节的景与物在田野采风中逐渐清晰、不断生成并形成印象。以季节为线索的艺术采风，让二十四节气的自然风光从文字的感知变成形象的画面；以风土人情为线索的艺术采风，让访民间、游水乡、忆流年、绘家风等主题绘画成为家乡风土人情的亮丽名片。

一、深入田园，寻找采风路径

为更好地开展农民画艺术研究，教师团队以田野学习的课程理念为指导，汲取田野调查法的研究思路，探索适合学生的田野学习方法，将艺术中常用的创作形式——田野采风融入课堂实践中。采风包含写生教学、社会实践和体验生活等多项内容。在基于乡土资源的田园采风中，绘画创作者通过对农村风土人情进行实地考察和感受，创作出优秀的、富有内涵的绘画作品。在实际的农民画课堂中，笔者喜欢带着学生走进田间地头、市井乡里，采用体验、写生、拍摄等方式，多角度地观察、记录、表现生活。作为学习主体的学生，尚不具备成熟的采风素养，因此，老师们结合实际教学，制订了适合学生的采风方案（见图4-27）。采风前，采用主题交流和分组分工的形式，明确方向和任务，避免了采风的随意性和盲目性；采风中，根据具体采风客体的不同，设计了对景写生、实践体验、镜头记录和口耳相传等方法，有利于提升采风实效；采风后，针对采风素材进行进一步的整理，结合创作主题的交流，帮助学生合理地加工素材，最终实现自主创作的学习状态。

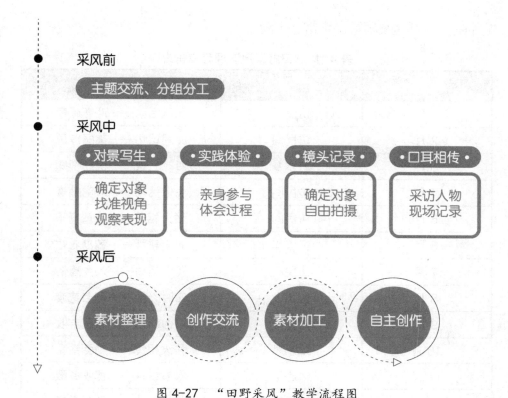

图 4-27 "田野采风"教学流程图

经过前期的调查、访谈和实地考察，教师团队为学生设计了 12 节课例，一月一次。采风教学，更多的实践空间在校外，需要足够的时间保障：一方面，作为集体活动，它需要有序的组织和实施，前期的准备和筹划必不可少；另一方面，采风后的素材整理和创作同样需要 6 课时左右的时间保障。根据地理位置、自然环境以及民风民俗等因素，设计了访民间、忆流年、游水乡、绘家风等 4 个学习主题。

12 节课例贴近生活：在青山绿水之间，在迎春闹春的节日氛围中，一起分享欢乐的时光；在薪火相传的民间传说中，了解古老的风俗和神话故事；在缤纷多彩的生活环境中，感受大自然的美好和生机；在清明踏青的传统习俗中，缅怀先人的功绩并庆祝春天的到来……（见表 4-1）这些都是学生熟悉的生活样子，它们就在身边。当学生用艺术的眼光再次审视它们时，生活也变得更加丰富、丰满。

表 4-1 "田野采风"课程安排表

时 间	主 题	内 容
1月	访民间	民俗活动——迎春闹春
2月	访民间	民间记忆——美丽传说
3月	游水乡	四时之景——桃红柳绿
4月	访民间	民俗活动——清明踏青
5月	访民间	薪火相传——传情谱乐
6月	忆流年	农事耕种——鹂岛农忙
7月	访民间	民俗活动——入乡随俗
8月	游水乡	四时之景——陌上花渡
9月	访民间	民俗活动——农民丰收
10月	绘家风	薪火相传——勤劳致富
11月	忆流年	农事耕种——秋收冬藏
12月	绘家风	薪火相传——孝老爱亲

二、启迪思维，丰富采风形式

在采风的实践中，教师团队引领着孩子感受生活之美，不是单纯地"告诉"，而是调动学生学习的主动性，改被动的"给"为主动的"寻"，在对比中寻，在体验中寻，在交流中寻，生成与自然对话的思维火花。

（一）巧用取景框，灵活取材提升审美感

首先，利用摄影组图理解取景的奥秘。通常所取的景可以分为全景、中景、特写，实践中学生发现，当移动、调整取景框时，呈现于其中的景同样发生变化：拉远时进入框中的景物更多，适合全景；反之，拉近时进入取景框的景物变得有限，适合特写。

其次，巧用取景框寻找眼中美景。取景框的使用，能更好地帮助我们筛选采风素材。教师可以引导学生比较观察，得出取景的构图要领，并通过不断的实践，提升取景的能力。

再次，明确不同距离取景的写生技巧。取景之后，针对不同距离的景，我们既要遵循相同的构图原理，也要有不同的写生技巧。

（二）多形式采风，调动感官捕捉艺术美

采风因具体内容的不同、时节的变化、学习主体的能力等因素，呈现出多样的实施路径，教师团队鼓励学生通过观察、倾听、触摸等方式调动多种感官参与，丰富采风体验。

1. 实景写生

实景写生（见图4-28）是一种非常有效的艺术采风方式，它可以帮助学生提高观察力和绘画技能。这种方法使学生能够直接面对真实的景物和人文景观，在实践中掌握艺术技巧，感悟自然之美。在这个过程中，教师鼓励学生使用自己的创造力和想象力，深入描绘景物特点，挖掘出藏在景物中的知识、内涵和感情。

图4-28 学生在油菜花田实景写生

2. 实践体验

美国学者、著名的学习专家埃德加·戴尔提出的学习金字塔理论指出，"做中学"或"实际演练"，可以使学习成效达到75%以上[1]。采风教学中，教师团队结合小学生乐于动手实践的特点，为学生创设实践采风的场所。如6月，结合鹏岛农忙主题采风活动，带领学生深入麦田，来一场实实在在的农事体验（见图4-29）。在农民伯伯的指导下，孩子们忙得热火朝天，从割麦、捆麦到拾麦，全程体验了收获的忙碌与乐趣。

图4-29 学生在麦田体验割麦

3. 镜头记录

农民画中人物、动物出现得较多，快速捕捉动态形象较为困难，因此，教师提倡学生利用电子产品辅助采风，将形象动态造型拍摄下来，再进行后期的写生。使用电子设备辅助采风的方法可以让学生更加专注于创作和观察，减少写生时可能会受到外界干扰的情况。同时，学生可以通过不断地拍照、回顾和比较的方式，加深对形象的印象和认识，从而进一步提高

---

[1] 章青：《根据学习金字塔理论优化课堂教学行为》，载《生物学教学》2016年第2期，第30-32页。

自己的绘画水平和技巧。

4. 口耳相传

采风不仅限于视觉形象的资料收集，神话故事、儿歌等口耳相传的内容同样是农民画的常见题材。这些素材充满奇幻色彩，对儿童有着强大的吸引力，同时也为人们提供了创作的灵感和丰富的想象空间。因此，在采风过程中，教师还鼓励学生重视对口耳相传的文化内容和故事情节的收集和整理，从中汲取艺术创作的营养和灵感。采风过程中，教师也应该引导学生去深入了解民间文化的内涵和深层意义，通过文化的传承和创新，为农民画注入更为丰富的社会和文化内涵，同时也为民间文化的传承和创新做出贡献。

（三）变换视角，同题异构培养观察力

在农民画表现的过程中，教师团队发现学生在造型时会陷入思维定式，尤其是对人物形象常采用正面或侧面的构图样式，而对于一些正面弯腰锄地、蹲地等劳作姿势则表现得较差，因此教师鼓励学生在采风过程中能够多角度地观察对象（见图4-30），便于后期的创作。

1. 平视

平视即两眼平着向前看。观察者不需要昂头或低头。在表现远景（街巷）时，平视更有纵深感；在中景和特写中，平视更便于描绘出物体的整体面貌和细节。

2. 仰视

仰视即视角较低、视平线以下的观察方法。众多表现伟岸、高大形象的作品中会用到此构图方法，如法国画家莫奈的《撑阳伞的女人》。采风中教师引导学生用仰视突出主体物，以便更好地表达情感和情绪。

3. 俯视

俯视即从高处往下看。如站在高处丘陵看蜿蜒的田间小路、站在桥头看蜿蜒河流，便于表现更加丰富有趣的全景画面，户县农民画中多用这种表现方法。但在采风的过程中并非都具备俯视条件，因此，在多次的实践过程中，要培养学生"想象自己站在高处"的能力。

平视　　　　　　　仰视　　　　　　　俯视

图 4-30　农民画中常见的三种视角

三、改变生活，创造艺术世界

采风是为了更好地进行艺术创作。田野采风课程的内容不局限于外出采风，还有基于采风的创作内容研究。

（一）对话生活明思路

艺术创作本身是一个内化的过程，是指作者以一定的世界观为指导，运用一定的创作方法，通过对现实生活的观察、体验、研究、分析、选择、加工、提炼等"对话"形式，塑造艺术形象，创作艺术作品的创造性劳动。要想创作出具有农民画特色的作品，就需要学生们从生活中去寻找灵感，用自己的视角去表现农村生活情景。学生们可以通过观察身边的农村景象，收集一些有趣的素材，例如农村建筑、少数民族传统服饰、农民生活习俗等等，然后加以提炼、加工，创作出自己的农民画作品。在进行农民画创作时，学生们还可以结合自己的生活经验和感悟，运用各种绘画技法和手法，表达自己对农村生活的理解和感受。例如，通过运用色彩、线条和形状等元素，刻画出农民勤劳朴实的形象，表现出农村生活的丰富多彩。通过对生活的感悟和思考，学生们可以创造出具有独特个性和风格的农民画作品，展现出自己的创造力和艺术才华。

（二）创作加工融情感

"艺术来源于生活又高于生活"是毛泽东《在延安文艺座谈会上的讲话》中着重阐述过的文论观点。这里的"高"，是指将生活中的素材加工、提炼、升华为能与观者产生共鸣的"有感情"的艺术作品。对于小学生而言，创作最难的部分即是思想情感的艺术化表达。从涂鸦期开始，孩子就会通过画面表达自己的情绪，但这种情绪的表达是直接的、未经深思熟虑的，所以不能称之为艺术创作。而创作是基于一定思想情感之下的有目的性地运用艺术语言展开的活动。因此在采风后的艺术创作中，教师不仅要教会学生农民画特有的艺术表达语言，更应该让学生体会创作中内在思想情感与外在艺术形式的联系。

比如，一次玉米地采风之后，通过人物素材的筛选和组合，学生认识到：人物的重整移位更能体现丰收的热闹气氛，运用暖色调更能表现出丰收的喜悦之情。艺术的表现需要融入情绪、思想的表达，而情绪、思想需要通过外化的构图、形象、色彩来实现。

当我们意识到美的丰富性，美育也就变得更加丰富多彩。在发现美、表现美、创作美的过程中，美德的底色已经形成——不仅是能力的培养，更是心灵的滋养。在田园采风的过程中，用多维的视角去感受生活，平凡之景也能变得动人而美好；在创作的过程中，思维更开阔，创作思路更活跃：当这些能力训练变成一种学习习惯，感觉变得灵敏，感情不再麻木。

"你若盛开，清风自来。"在美育的园子里，我们期盼着更多的"花儿"绽放最美的姿态。

图 4-31　学生作品（十一）（王一 《我也来帮忙》）

随着师生采风活动的不断深入，取之不尽的农民画创作素材逐步显现。鸟语花香、桃红柳绿、水系纵横、野菜遍地、寒耕热耘、船行鱼跃，水乡独有的风景勾勒出生动的农村乡野画卷；打芦蒿、摘椿头、赛龙舟、赶庙会、丰收节、放鞭炮，一代代自然延续的民风民俗活动让艺术学习变得更加鲜活生动。

活动案例 4-3：美丽家乡我代言

2022 年 6 月 25 日，"小小农民画"民俗团的小画家们，组成艺术宣传队，深入八卦洲七里村的代表性景点——柳林山庄，用画笔记录家乡的美景，表达对家乡的热爱。

一早，宣传员们怀着激动的心情，在老师和家长的带领下来到柳林山庄。大家纷纷选择了自己心仪的风景，认真描绘起来，即使当天的温度很高，仍然没有影响大家采风的热情。瞧，他们画得多认真（见图 4-32），三个小时的采风，他们不叫苦不叫累，得到了七里社区工作人员的一致肯定。采风期间,七里村徐春雷书记还为孩子们送来解暑的冷饮,他表示:看到孩子们能参与到乡村文化振兴的队伍中,感到既欣喜又振奋。

图 4-32　小画家们正在创作中

6月27日,小小艺术宣传员趁热打铁,将所见美景与社会主义核心价值观、鹞岛公约相结合,再次进行艺术加工。有了采风的基础,孩子们的画面多了许多动人的细节(见图 4-33、图 4-34)。

图 4-33 学生作品（十二）（刘悦《莲叶何田田》）

图 4-34 学生作品（十三）（洪雨双晴《采莲》）

【案例思考】

通过采风绘画自然生活，孩子们可以更深入地了解和热爱家乡的自然风景和文化传统，同时也可以提高自己的艺术素养和创作能力，增强社交和合作能力，从而为自身的成长和发展打下坚实的基础。今后，学校将继续在乡村振兴的大课堂中提素养、练本领、育担当。

第四节
学科融合，别样课堂

《义务教育课程方案和课程标准（2022年版）》指出要加强美育，构建德智体美劳全面培养的课程体系；同时强调优化跨学科课程设置，每门课程原则上安排不少于10%的课时设计跨学科主题学习[1]，旨在以学生的多元智能发展为目标，通过将相关的学科优化组合，打破学科界限，开展多元化的教学活动。

在教学中，学科融合式的课堂，注重学生在上课过程中的表现，更加重视过程而弱化结果。将学科与学科之间的内在整合成为一个有机循环系统，以此解决实质性的问题。"大美育"背景下的学科融合并不是学科与学科之间简单拼凑在一起，而是教导学生利用其他学科的知识去解决美育课堂中或生活中遇到的实际问题，寻找美育与其他学科之间的知识串联性和关联性，实现知识的灵活运用。

"洲小"一直倡导"全课程"理念，以主题教学为中心，创新课程模式，打破学科之间的壁垒，使课程内容变得生活化、整体化、综合化。在"洲小"，"童真农民画"美育课程已不仅仅是兴趣培养，它已逐渐渗透进了课堂，渗透进每个学科，合作已经成为教学的常态，融入生活、文学、德育等元素；既重视美术技能技巧的学习，同时也注重美术文化的感受，加强了不同学

---

[1] 毕小君、聂磊、赵伶俐、于晓航：《新课标导向下跨学科美育课程的学理依据及实践路径——以科学与艺术融合为例》，载《课程·教材·教法》2023年第1期，第96-103页。

科、领域的融合，拓宽了学习与实践的渠道，提升了乡村儿童的生活品质，实现了美育的育人功能。"童真农民画"已经成为深受孩子们喜爱的智慧艺术，成为开启心智、发展思维、培养创新能力、推动个性发展的有效手段。

一、以美育德的别样课堂

"五育"并举，德育为先。德育贯穿于学校教育的方方面面。德育和美育的终极目标都是让学生成为"完整的人"。在德育中积极渗透美育的因子，可以促进德育发挥的成效，推动儿童的全面发展。

"洲小"在农民画的课堂中全面渗透德育，让学生自然地接受美的熏陶和感染，让学生将对美的感知和理解内化成自己的价值观，让学生感受到什么是真正的美，提高审美能力，从而自觉地抵制虚假、丑陋的事物，在心中种下真、善、美的种子。

色彩浓烈、淳朴率真的农民画，本就来源于热火朝天的乡村生活，反映着乡村人民实实在在的生活场景，表达着人们对美好生活的向往。学生在欣赏其艺术美的同时，还能孕育乡土情怀，感受不同环境下不同人群对待生活的乐观态度，这本身就具有很深的道德教育内涵。除此之外，"洲小"的教师还会带领学生一起走进田野，让学生用画笔画出在田间辛勤耕作的农民伯伯；和学生一起创作节日主题农民画，让学生深入了解家国文化，感受传统文化魅力，增强民族自信心和自豪感，提升爱国情怀；和学生一起画家乡，画出新时代新农村的文明新风貌，传递时代正能量，为建设美丽新农村赋能添彩。

活动案例 4-4：同学们，集合啦

疫情防控期间"停课不停学"，在利用网络开展国家课程内容学习的同时，疫情本身也是值得研究的学习内容，因此几位美术老师便商量，引导孩子关注疫情，用画笔表现疫情故事。很快，沉寂已久的微信群热闹起来了。

师："同学们，集合啦！"

生："老师，我们要研究什么呢？"

师："我们就来研究研究抗击'新冠病毒'疫情吧。"

生："我们是要用画笔表现它吗？"

师："是的，我们要用生动的画面表现抗疫的精彩画面。因为是研究性学习，这一次老师把主动权交给你们，大家围绕'抗疫'主题，要先自己去上网搜集素材，然后我们再进行下一步的创作研究。"

为了帮助孩子们更好地开展网络研究，几位老师在群里通过手机截图和语音留言教授大家如何利用搜索引擎、如何保存图片、如何上传图片到群中。

在研究的前期准备工作中，让孩子学会并掌握基本的信息查找、筛选、获取技能以及基本的网络交流技巧是开展线上教学的基础，为进一步深入学习研究做好了准备。

一、我们的眼里不能只有"病毒"

第二次的线上交流，大家先将自己搜索的素材发到群里。

比对大家的图片，老师们发现竟然有着非常高的相似度，其中"新冠病毒"荣登榜首，孩子们搜来了五花八门的"新冠病毒"卡通造型、人类大战"新冠病毒"的画面。

师："大家搜集了好多'新冠病毒'的形象，比老师预想的要多。你们是不是想用拟人、夸张的手法表现抗疫主题？"

孩子们纷纷发来肯定的表情图。

师："这种表现手法很有趣、很生动，老师这里也搜集到一幅作品，你们看一看和你们的有什么不一样。"

生:"这幅作品中没有表现'新冠病毒'。"

师:"那你们都看到了什么?"

生1"看到了警察叔叔、医生、快递员。"

生2:"他们都在为抗击疫情努力工作着。"

师:"虽然没有表现'病毒',但仍然能够让我们感受到人们与'病毒'斗争的模样,更能感受到人们团结一心的必胜精神。这样的画面是不是更有意义,更能打动人心呢?"

在网络的另一端,孩子们纷纷表示赞同。

师:"同学们,最近有一句话特别流行:生活中哪有那么多岁月静好,只是有人在替你负重前行。我们今天的安然在家,是别人用生命为我们换来的。在我们的身边,还有很多人不能回家,一直奋战在抗疫一线,与疫情作斗争。我们是不是可以用画笔来表现这些可敬的人儿呢?"

师:"接下来,老师希望你们能做好相关资料的采集!"

第二次的线上交流,让学生们明白了艺术创作本身的意义和作用。美育应该是将技、艺、道相结合的美育教育,而不只是停留于理论性的教育,更应该是体现在实践基础上的美育教育[1]。美不仅仅是一种外在艺术技巧表现,更是一种内在精神品德修养。作为一名美术老师,其职责在于让学生在生活中发现美、感受美、体会美,以达到美的熏陶、德的升华,最终实现内化于心、外化于行的理想创作状态。

二、从"虚拟"到"现实"

搜集抗疫前线的资料,又一次将大家从虚拟带回了现实。在老师的推荐下、家长的帮助下,孩子们借助微信群、朋友圈、新闻 APP 开展线上资

---

[1] 沈华清:《美育更在于人的精神建设》,载《中国美术报》2020年1月20日,第7版。

料采集，感受到了虚拟世界的精彩。

有的同学通过新闻平台了解到武汉抗击疫情的最新状况；有的同学从社区工作群里搜集到后方运送抗疫物资的资料以及地方抗疫的有效做法；更有同学搜集到许许多多感人的故事……孩子们坐在家中也能知晓天下事，这为进一步的艺术创作带来了鲜活的素材。

可以说，网络为孩子的自主学习提供了更多的线索，将学生带到更为广阔的"现实"中，拓宽了视野、拓展了思维。在老师的适当引导下，网络为孩子打通了学习与生活的通道，打开了认知世界的大门，让原本单一的思维发散开来，使创作素材变得多样而丰富。

三、我是抗疫宣传兵

素材到位。在创作开始的时候，让孩子明确自己此次创作的任务和意义就显得尤为重要，这也是开展此次网上美术研究性学习的最终目的。

师："同学们，在创作之前，我想让大家做一道填空题。一起来说一说通过搜集创作素材，你明白了什么。"

孩子们各抒己见。

生1："我明白了创作不只是为了画得漂亮，还要懂得创作的价值和意义。"

生2："我明白了我们今天的生活来之不易，我们要好好珍惜。"

生3："我明白了网上有很多学习的方法。"

师："那我们接下来要做些什么呢？"

生："我们可以通过画笔，把抗疫中的感人故事表现出来，让更多的人知道，让更多的人加入进来。"

师："同学们说得对。我们今天不仅仅是要画一幅有意义的作品，我们还要将作品宣传出去，让更多的人为抗疫出力。画好抗疫宣传画，你们就是合格的'抗疫宣传兵',虽然你们不能出门,但你们也在用画笔'战斗'。"

接下来的几天,微信群里显得十分热闹,同学们积极上传阶段性作品完成情况,教师给予及时的指导和帮助,最终所有的孩子均出色完成了自己的作品(见图4-35)。孩子们的作品得到了社会各界的广泛关注和点赞,先后荣登地方宣传平台和学习强国平台。

图 4-35 学生的"当好抗疫宣传兵"农民画作品

【案例思考】

采风是艺术创作的重要源泉,是作者寻得艺术创作素材所进行的活动。在实际的教学中,"洲小"提倡带着学生深入生活进行主题式采风行走,并采用速写或摄影的方式记录采风内容。通过此次美术主题研学,老师们发现网络环境下也能开展线上的"采风行走"。采风路径由一点式到散点式;采风对象由单一到丰富;采风创作由一元到多元。

网络的开放性让采风学习多了更多的渠道。因为新闻采集真实性、价值性和点击率的需要，网络上新闻资源呈现出多样而多元的特征，人们只要有通信设备，可获得新闻的途径便数不胜数，从宏观到微观，从官方到民间，无限丰富了我们对事物的认知。在教师和家长的指导和监督下，孩子们可以轻松搜取正面积极的信息。这也打开了线下采风行走的思路，如：行走前进行线上资料搜集学习可以拓展学生的思路甚至影响学生观察的视角；行走后的资料数据库建立为今后创作储备了更为丰富的内容等。

采风创作追求个性化创作，而个性化创作需要多维的交流和体验。实践证明，网络环境下的自主学习也是一种实现个性化创作的有效的学习方式。但如果缺乏教师的积极引导和家长的监督指导，网络学习也有可能会"误入歧途"。这种"青少年网络保护"机制有待于进一步研究。

此次的主题学习，实为一场"德育＋美育"的实践探索。孩子们把视角转向了抗疫工作中不同身份的人物，以"敬业"诉说抗疫故事，用独特的视角展现他们心中的英雄形象。这也在他们心中埋下了爱国的种子，使他们从小养成了正确的人格，为他们铺好了人生的底色，并为中华民族的素质教育奠定了基础。

二、以美促智的创生课堂

蔡元培在《教育大辞书》中写道："美育者，与智育相辅而行。"智育属于理性的教育，而美育属于感性的教育，它们二者虽然有着重要的差别，但是，它们中任何一种能力都与其他能力联系在一起。认知力的发展对审美感受和理解能力的发展有着深刻而明显的影响，而审美能力的发展其实也包含着认知能力大发展，同时也为认知能力的发展提供必需的条件。美育的融入可以调动学生的学习积极性，使学习的方式更加具体生动，打通各门课程之间的学习关联，提高整体的学习效益[1]。

"洲小"鼓励各学科教师拓展教学思路，创设学科特色教学方式，引导学生主动思考、积极探索，实现多学科联动发展，提升综合素质和实践能力。如教师在数学教学中尝试融合农民画的元素，充分挖掘数学中的美育，数学独特的"美"与数学知识交融在一起，引导学生去认识数学语言的形象美、创意美，从而激发学生数学学习的兴趣，培养创造美的积极性。

教学案例 4-3：《农民画中的对称之美》

师：请同学们欣赏下面几幅农民画（见图 4-36），你发现了什么？

图 4-36　含有对称元素的农民画作品

（学生小组讨论回答）

师：其实今天的几幅农民画，都含有对称的元素。你们知道什么是对称吗？

生：对称就是指两边是一模一样的。

师：对，同学们在数学课上学过"对称"的概念。其实，在我们的生活中，也隐藏着许许多多的对称元素。在农民画的绘制过程中，也经常会用到对称的元素。我们经常去田野中、去大自然中创作农民画，自然界中

---

[1] 杜卫：《美育论》，教育科学出版社 2014 年版，第 38 页。

的许多事物都展现出轴对称性，包括动物、植物和矿物等。不过，有些对称形式不明显，甚至很难看出来。你们能想一想有哪些东西是对称的吗？

生：有些树叶是对称的。

师：是的，还有吗？

生：我觉得有些昆虫也是对称的，比如蝴蝶、蜻蜓。

师：回答得好！其实大多数生物的身体都是轴对称的，我们人体也是对称的，你们发现了吗？

生：真的呢！

师：还有许多植物会长出轴对称形式的叶子和花朵，包括梧桐树叶（见图4-37）和兰花（见图4-38）等。

（教师展示图片）

图 4-37　梧桐叶

图 4-38　兰花

师：这些对称我们都称之为轴对称。那你们知道还有哪些对称？

生：还有中心对称和旋转对称。

师：对！那自然界中能找到中心对称和旋转对称的事物吗？

（教师展示图片）

图4-39　向日葵

图4-40　百香果花

师：以上两幅图（见图4-39、图4-40）展现的是旋转对称：花瓣或萼片围绕着一个中心，且每个花瓣或萼片与中心的距离相等。

生：大自然好神奇啊！

师：大自然中的对称元素特别多，大家可以仔细观察，然后将其运用在我们的农民画中。今天我们就一起来创作一幅含有对称元素、充满诗情画意的农民画吧!

【教学感悟】

本课以生活为线索,从农民画的欣赏与创作入手,引导学生观察与发现大自然中的对称美,体会农民画中的数学元素。老师通过欣赏和分析农民画作品,介绍对称思维和对称美的概念;通过多媒体的展示让学生了解什么是对称和对称轴,指导他们在鉴赏农民画作品时,观察其构图中对称的地方,并发现和探究对称之间的联系和美感。此外,还可以引导学生了解对称的种类与形式,如轴对称、中心对称、镜像对称等,从而发现不同形式对称之间的差异和美学效果。农民画与数学学科的结合,旨在培养学生发现美、创作美的能力,同时探究美学中的数学魅力。巧妙地将数学思维融合在"农民画"的教学中,让学生在寻觅美的过程中培养数学思维,感受数学之美,提升学习数学的兴趣。

三、以美强体的多元课堂

美育在人类教育史上始终占据重要的地位。随着跨学科、多学科理念的不断渗透,美育的价值日渐凸显。美育和体育也存在着紧密联系,虽然从表面看,体育表现的是运动之美,而美术展现的是静态之美,但无论是哪种审美形式,我们都可以基于学生全面发展的共性来找到它们的融合点。首先,体育活动与美育活动相互渗透。在体育活动中,例如篮球、足球等运动项目,都需要一定的美感和艺术性。在美育活动中,例如绘画、雕塑等艺术形式,也需要一定的体育素质和身体协调能力。因此,美育和体育活动可以相互借鉴、相互渗透,发挥出更大的艺术和体育价值。其次,身体素质与美育素质相互促进。艺术创作需要学生具备良好的身体素质,例如身体协调能力、手部灵活度等;而体育锻炼也可以提高学生的身体素质,帮助学生更好地完成艺术创作；同时，艺术创作也可以提高学生的审美素质，使学生更好地欣赏和理解体育运动的美感。美育和体育都是通过培养学生的兴趣、情感和能力，实现学生全面发展的目标。美育可以培养学生的审美情趣和创造力，提高学生的文化素养；而体育可以培养学生的体能素质和团队协作精神，增强学生的身体和心理健康。因此，美育和体育的共同教育价值在于，通过多样化的学科活动，为学生提供更为丰富的学习体验，促进学生全面发展。

学生在操场上活动，常常吸引很多目光。健美的体魄、运动的姿态、得体的装束、和谐的乐曲……无不洋溢着美的气息。体美融合，很好地展现了美美与共的教学生态。体育课堂要帮助孩子认识体育中的身体美、运动美以及人文美，帮助学生建立体育美学的相关理念，学会欣赏体育美，构建正确的体育价值观，促进学生的健康成长。

同样，体育课堂也能融入农民画的元素，引导学生在运动中体验农民画的魅力和生活气息，从而增强他们的艺术素养和文化底蕴。例如，学生可以用农民画的形式来展现体育课的精彩瞬间，也可以来记录学校运动会运动健儿们的飒爽英姿。反之，体育老师也可以在体育教具创新中融入农民画的元素，例如，在运动器材、运动服装上印上学生们的农民画作品，用农民画的创作方式来实践体育与美育的融合，促进校园文化的多元化创新探索与实践。

教学案例4-4：《端午佳节赛龙舟》

一、课程背景

赛龙舟是我国重要的节日民俗活动。每逢端午节，大家都会开展相应的活动。然而，为什么是赛龙舟呢？当今的孩子大都不了解背后的缘由，这也是展开本次课程的初衷：采用体育游戏"赛龙舟"和绘制"端午佳节赛龙舟"农民画的融合课程，带领学生共同探究端午佳节丰富的文化内涵。

二、课程目标

1. 了解我国端午节的传统民俗活动，感受赛龙舟的热闹氛围，热爱中国民俗文化，初步理解"龙"在中国传统文化中的特殊意义。

2. 通过"赛龙舟"体育游戏锻炼腿部力量和协调性，体验团结协作的乐趣。

3. 在欣赏"赛龙舟"活动视频的过程中，能总结龙舟的外形构造及色彩特征等，表达自己的独特观点和感受。

4. 能自主运用农民画的线条、色彩、构图等美术元素，创作主题农民画作品。

三、主题内容

（一）课时1：体育游戏《赛龙舟》

1. 导入

师：再过几天就是农历五月初五啦，我们要迎来一个传统节日。你们知道是什么节吗？在这个节日里，我们通常会做些什么事呢？

（教师向学生介绍赛龙舟习俗的由来）

师：在中国古代战国时期的楚国，有一位非常爱国的大诗人，名叫屈原。因为国君不听他的建议，楚国被秦国军队攻破了都城。屈原既痛心又感到屈辱，终于在五月初五那天抱着大石块跳进了汨罗江。楚国百姓听说后，非常伤心悲痛。渔夫们划起船只，在江上来回打捞，但一直没有发现屈原。所以，此后每年五月初五，人们就以划龙舟来纪念屈原，借划龙舟驱散江里的鱼，以免鱼吃掉屈原的身体。

（播放赛龙舟的视频和图片，请学生感受赛龙舟的激烈场面）

师：船员们是靠什么让船前进的？船上的所有人都在划船吗？他们是

怎么分工的？人们的动作表情是怎样的？为什么会有这样的表情？

生：船上的人都拿着桨划船，从前往后划，这样船就能前进。有好多人在船上，有的在左边划，有的在右边划，但是还有一个人没有划，他好像在一边打鼓一边大声喊……

师：这个人为什么要打鼓呢？你觉得他在大声喊什么？

生：我猜打鼓是为了给大家加油，也是在为大家划船的动作打节奏。

师：你们观察得真仔细！在划龙舟的时候，特别讲究动作整齐、齐心协力。大家的动作整齐才能划得更快。今天我们就一起来玩一个"赛龙舟"的游戏吧。

（1）同学们自由结队，五人一组，后面的同学们依次抱住前面同学的腰或者拉住衣服，蹲着向前走。（老师只交代"赛龙舟"游戏的基本玩法，让同学们自己在玩中体验使"龙舟"前进的技巧）

（2）老师观察同学们自由结队的情况。注意划龙舟游戏中，同学们能否步调一致，有节奏地蹲着向前走。

（3）集中同学们一起说说"赛龙舟"游戏玩得怎样。

师：同学们，"赛龙舟"的游戏好玩吗？你们玩得怎样？

生1：我们"赛龙舟"时有一个同学掉队了，他没跟上。

生2：前面的同学走得太快了。

师：那么怎样让"龙舟"上的同学速度一致，让"龙舟"顺利地开起来呢？

生1：要一起走。

生2：要喊口令。

生3：喊1、2、3、4……

生4：喊加油、加油……

师：如果速度一致，有节奏地走，"龙舟"是不是就能划得快呢？同学们再试一试。

（二）课时2：农民画《龙》

师：今天的课堂上，老师给大家带来了一位神秘的客人，你们瞧，它是谁？

（出示龙的图片）

师：龙是什么样子的？它的身体由哪些部分组成？

生：龙头、身体、尾巴。

教师：龙的头上有些什么？像什么动物？

生：它的头有点像牛，也像马；它头上的角有点像鹿；它鼻孔那里还长着两根胡子，有点像鲤鱼；嘴巴里还有许多尖尖的牙齿，像老虎。

师：那么它的身体是什么样子的？让你想到什么动物？为什么？

生：身体像蛇又像鱼。因为它的身体那么长还能弯曲，就像蛇一样；身体上全是鱼鳞，这一点又和鱼一样。

教师：再仔细看看，它的身体跟蛇完全相同吗？

生：不一样，它还有腿和爪子。

师：你们观察得很仔细。那它的爪子是什么样子呢？哪种动物也有这样的爪子？

生1：它的爪子上面有一条条的纹路，像鸟的爪子。

生2：我觉得像鸡的爪子，鸡的爪子也有尖尖的指甲。

师：这样的爪子给人什么感觉？

生：这样的爪子看起来很厉害，能抓起很多小动物。

师：同学们，龙其实是中国古人创造出来的神兽。它是多种动物的综合体，长着骆驼的头、鳄鱼的嘴、鹿的角、兔的眼睛、老虎的胡须、牛的耳朵、蛇的身体、鱼的鳞片、鹰的爪子。古人在龙的身上集合了各种动物的优点，把它们最精华、最完美的部位集于一身，龙自然成了万物之灵。

师：为什么古代的人这么喜欢龙呢？

生：因为龙是吉祥的象征。

师：对，我们的祖先认为龙是一种神通广大的神物，是吉祥尊贵的象征。它集合了各种动物的优点，能上天入海、腾云驾雾、兴风降雨，本领高强。古时皇帝把龙的图案绣在自己的衣服上，自称为"真龙天子"，希望能拥有龙的威严、精神和本领。古人还会专门为龙王建造庙宇，祈求龙王保佑风调雨顺、农业丰收，把美好的愿望寄托在龙的身上。我们中国人敬爱龙、喜欢龙，也把自己称为龙的传人，借助龙的精神使得我们的民族精神发扬光大。

师：现在，就让我们一起来画一画龙吧！龙头比较难画，怎样才能画出头的立体感呢？

（仔细观察龙头的组成部分）

师：要想把龙画得活灵活现，要让龙昂头、张口、露齿、睁眼，这样才能画出龙的精气神。现在大家一起来试一试吧。

师：在龙的配色上，通常色彩都比较艳丽，大家可以根据平日见过的龙的图案或者自己的想象来搭配颜色。

学生作业：请同学们画一幅与龙有关的农民画作品，要求画出龙的精神气象。

教师巡回指导，放音乐缓和气氛。

图 4-41 学生作品(十四)(葛蔓琪 《端午赛龙舟》)

图 4-42 学生作品(十五)(杜庆吉《龙舟竞技》)

【教学感悟】

体育与美术的跨界融合，充分发挥了两个学科的功效和优点，以美术之长扬体育文化，以体育之趣促美术技能，真正促进学生的全面发展。本次融合课堂将艺术创作与体育游戏相结合，既丰富了课堂内容，促进了学生身体素质的提升，也能提升主题活动的内涵，让学生更好地了解端午传统节日的民俗文化，在深入了解文化的基础上进行农民画创作，使学生们体会学习农民画的乐趣，有效地激活他们的创造性思维，提高美术学习的效率（见图4-41、图4-42）。在提高学生观察能力、动手能力、审美能力、创造能力的同时，也能进行传统文化的熏陶，提升学生作为中国人的自豪感，培养他们的爱国主义精神。

四、美劳共生的创意课堂

苏霍姆林斯基说："美育的任务是教给儿童通过周围世界的美、人的关系的美而看到精神的高尚、善良和诚挚，并在此基础上在自己身上确立这种美。"而劳动教育的功能是通过培养学生的劳动技能，使学生形成良好的劳动品质和习惯，进而创造美好的生活。由此可见，美育和劳育的教育功能存在一致性，以美化人和以劳育人可同时融入学科的教学实践中，共同促进学生的全面发展。中国传统劳作内涵极其丰富，在劳作方式和文化中都能挖掘"美""劳"教育元素。

一方面，农民画作品中常常体现乡村日常的劳动场景，农业劳作、民间手工业、传统食品制作、民间活动等都蕴含着独特的地域美，体现了当地人独特的劳动思维、劳动技能、劳动情感、劳动创造能力。将这样的劳动场景通过农民画的形式展现给学生，不仅可以让他们从中感悟劳动之美，激发他们的自豪感，还可以帮助他们开阔美术视野，激发他们的创作积极性。另一方面，在劳动过程中，能培养学生发现美、欣赏美、创造美的能力，为学生的农民画创作提供素材；同时，美好的情感也能激发学生的劳动积极性、主动性和创造性，实现美劳共生。

"洲小"是一所乡村学校，家家种植蔬菜，农田里野菜遍地。学校还在校门口为学生建设了占地68亩的"野趣园"，分为养殖天地、种植天地、娱乐天地和生活天地四大功能区，孩子们可以在里面体验农作物的种植、收获，也可以摸鱼、捉虾、喂鸽子，尽享田野的乐趣。学校在提升学生审美素养的同时，培养劳动意识，强化劳动技能，从而真正实现美育和劳动教育的融合。

教学案例4-5：《兔》

一、教学目标

认知目标：学生初步了解农民画，感受农民画的艺术美，学习农民画的表现手法。

技能目标：以十二生肖中的兔为例，引导学生观察农民画的装饰美、色彩美，尝试创作农民画风格的兔子形象。

情感目标：艺术链接生活，激发学生学习的兴趣、乐于探究的精神与丰富的想象力。

二、教学重难点

重点：艺术链接生活，寻找生活中的艺术小灵感，用农民画的手法尝试表现富有情趣的兔子形象。

难点：兔子形象的装饰手法。

三、教学准备

PPT、画具等。

四、教学过程

师：今天老师为大家带来了一份礼物，是什么呢？书签！这可不是普通的书签，这上面的画可是我们农民画社团小朋友亲手绘制的作品，想要吗？

师：这可是限量版，想得到它，就要看你们今天的表现了。

师：首先呢，老师给大家带来了一些作品，我们一起来欣赏一下吧。这些都是我们农民画家的作品，让我们走近看一看，这些作品中的动物和我们平时看到的动物有什么不一样呢？

生：色彩和图案比较多，比较丰富。

师：对了，这些都是农民画家们想象出来的。学习农民画首先就是要发挥想象力。

师：让我们再仔细观察一下，画家都想到了哪些东西？

生：小花、云朵、麦穗、裙子的花边……

师：这些色彩和图案其实都来自大自然。在大自然的装点下，这些看似平常的动物都变得更美了。（板书：大自然）

师：今天我们的课堂上来了一位特殊的朋友，它就是我们八卦洲田间地头都看得到的小兔子。（出示图片）

师：看，它在农民画家的手里也来了个大变身！（出示视频：由照片兔子变为轮廓兔子、线描兔子、上了色的兔子）

师：今天老师就要带领大家让这只兔子大变身！

师：那么先让我们到美丽的大自然中来找一找灵感吧。（出示图片：蔬园、八野基地、垂钓园、红杜鹃）

师：在这里你都找到了什么，看到了什么，想到了什么？

（生回答）

师：同学们很厉害，想象出了很多创作元素和创作灵感。那么多的创作元素，我们需要把它们全画在这只小兔子身上吗？

生：不需要。

师：那现在小组讨论：你们打算用哪一种创作元素来装饰你们面前的这只兔子呢？（小组讨论30秒）

（生回答）

师：现在我们找好了创作元素，就可以来打扮兔子了。这里可不是简单的添画，我们还要发挥想象力，让我们找到的这些元素变得更美，我们可以请点线面来帮忙。

（教师示范）

生1：由兔子的耳朵可以联想到胡萝卜、鱼、花。

生2：由兔子的耳朵可以联想到野菜。

（孩子们说出很多想法，教师同时展示出课件与做好的素材。教师出示设计好的兔子，供学生参考）

（学生作业，小组合作。教师巡回辅导，简单点评）

师：在同学们的巧手下，这些兔子变得与众不同，谁来说说看自己设计的图案灵感来自哪里？

师：从你们的画笔下，老师看到了一个别样的八卦洲，一个更美的八卦洲，这让我想起了著名雕塑家罗丹的一句话：世界上从不缺少美，缺少的是发现美的眼睛。

师：让我们带着对美的追寻，再来看看这些兔子在你的笔下会是什么样的色彩呢？

师：这里的色彩已经不是形象本身的色彩，而是我们心中的色彩。这就是对"艺术来源于生活，高于生活"的最好诠释。

师：最后，老师希望大家能把这枚带着八卦洲别样风情的书签送给听课的老师们，让我们的小小农民画走出八卦洲（见图4-43）。

图 4-43 学生作品（十六）

【教学感悟】

农民画课程还能与其他艺术学科进行融合，如与舞蹈的融合、与戏曲的融合、与文学的融合等，通过艺术的具体形象体现艺术人文精神。艺术学科之间汇通融合，赋予学生无限的想象力，让他们通过各种感官感受农民画的艺术魅力，真正打开创作之门，将丰富的乡村艺术资源融汇到农民画的创作中，充分发扬传统美术文化。

图 4-44 学生作品（十七）（蔡方圆 《欢庆》）

图 4-45　学生作品（十八）（罗京缘《看戏》）

图 4-46　学生作品（十九）（蒋亭玮 诗配画《豆蔻年华》）

农民画进课堂，不仅推动了农民画的传承发展，而且给孩子们带来了了解家乡、热爱家乡、热爱祖国的热情。"明代皇后马娘娘的八卦玉掉入江中，后来生出一块绿洲"的神奇传说；清乾隆皇帝"六下江南"，为八卦洲写下了"却喜涨沙成绿野，烟村耕凿久相安"的美丽诗句；观洲头大江东去的豪放……在农民画的教学实践中，教师们在课堂上通过放映录像、图文展示、文字简介等方式向孩子们讲述八卦洲的由来缘起、往事记忆和文化趣闻，安排学生参观洲上现代农业生态园、柳林湿地公园，使孩子们身临其境；邀请编织、竹雕、剪纸、泥塑等民间艺人到学校传授技艺，展示展演等：这让孩子们在农民画天真、质朴、原生态的艺术特色中寻找审美情趣，从本土文化和地域特色中寻找农民画的创作素材，并以独特的视角表现家乡风土人情，用画笔开启了鹛岛印象之旅（见图4-44至图4-47）。

图 4-47　学生作品（二十）（蔡梦妍 《家乡的美丽传说》）

第五章 童真农民画的美育课堂

催生农民画的乡村土壤之中，蕴藏着无尽的美育资源。八卦洲的鸟语花香、桃红柳绿、水系纵横、野菜遍地、寒耕热耘、船行鱼跃，水乡独有的风景勾勒出生动的农村乡野画卷；打芦蒿、摘椿头、赛龙舟、赶庙会、庆丰收、放鞭炮，一代代自然延续的民风民俗活动让艺术学习变得更加鲜活生动。

然而，现代农村教育条件日趋城市化。课程设置的普适性，使得如此丰富的乡土美育资源没有被充分运用到教学实践中去。传统的美育课堂囿于一隅，忽视了学生的生活体验。培养农村儿童的田野情结、家国情怀、文化自信难以落到实处，让孩子"看得见山，望得见水，记得住乡愁"的美育理想难以实现。

从某种意义上说，儿童画是最富有真情实感的艺术作品，也是最忠实于大自然和人类社会的美感结晶，更是最令人神往的对未来生活的高尚追求[1]。如何将

---

[1] 姜浯玥：《在儿童画教学中实施素质教育》，载《江西教育科研》2000年第9期，第44-45页。

这无尽的美育资源内化入儿童的心中，使他们对生活的观察和体验真正化为艺术作品？如何发挥农村美育课堂的特有优势，实现真正意义上的童真农民画的美育课堂？

在充分尊重儿童学习客观规律的基础上，"洲小"的农民画教学历经多年探索，从"艺术与传承""艺术与生活"两个维度架构课程体系，根据低、中、高不同年段，围绕"民间记忆""画里画外""鹧岛印象"三大主题性课程版块编排，融入生活、文学、德育等元素，既重视美术技能技巧的学习，也注重美术文化的感受，加强了不同学科、领域的融合，拓宽了学习与实践的渠道，将课堂设在乡野田间，涌现出一批充满童真的美育课例。

第一节
体验与传承

在"洲小"的美育课堂中，体验与传承扮演了重要的角色。农民画素材就在学生们的日常生活中。一方面，农民画素材丰富多样，涉及生活的各个方面，例如农村景色、村庄建筑、民俗风情等等，这些都是学生们熟悉的内容。通过农民画的创作，学生们可以用富含童真的艺术眼光再次体验生活，这样生活的内容就变得更加丰富、丰满。同时，学生们也可以通过创作将自己对生活的理解和感受表达出来，让自己的内心得到释放。另一方面，农民画作为一种民间艺术形式，具有浓郁的地方特色和文化内涵。在美育课堂中，教师可以带领学生探究农民画的艺术本源和历史渊源，让学生了解农民画的文化背景和发展历程。通过创作农民画，学生们也能够更加深入地了解自己所处的地方文化，传承和发扬乡土文化。这样的农民画课堂让学生们在创作中找到了属于自己的声音，他们不仅仅是在学习技巧，更是在培养对生活的热爱与感恩之心。通过这样的学习体验，他们成为乡土文化的传承者和推动者，将美育的力量传递给更多的人。

一、唤醒创作主体

在教学设计中，教师将感受农民画创作内容与现实生活链接起来；在教学过程中，注重引导孩子多角度地体验农民画艺术的精髓，引导学生重新审视和体验农村生活，从而真正感受农民画创作之妙、乡野生活之美和民风民俗的传承之脉。同时，教师引导学生模拟生活场景，让学生通过实践与体验来了解和感受农村的文化价值和历史传承，从而让学生真正了解和体验农民画创作背景和内涵，培养他们的审美情趣和感悟能力。

在课堂中，教师需要注重每个学生的创作独立性和主题表达能力，鼓励学生自主思考和探索，使每个学生都能充分发挥自己的特长和潜力，创作出独具特色的作品。同时，教师还可以组织作品评选活动，让学生进行作品展示和交流，互相吸取创作灵感和经验，提高学生的艺术水平和创作素养。

教学案例 5-1：《鹂岛农忙》

一、教学目标

认识目标：艺术链接生活，进一步了解农民画，感受农民画的内容美、形式美。

技能目标：以割麦场上人们劳作的场景为表现对象，引导学生回忆生活场景，观察人物动态，共同表现"鹂岛农忙"生活场景。

情感目标：感受生活之美，传承勤劳美德，培养热爱家乡之情，提升艺术审美能力。

二、教学重难点

重点：以"鹂岛农忙"为主题，引导学生走进生活，以艺术视角感知生活，共同表现和谐美好的生活之景。

难点：人物动态表现、色彩搭配、整体布局。

三、教学准备

"鹂岛农忙"主题背景（作品）、课件、画具等；学生课前了解农忙相关知识。

四、教学过程

（一）鹂岛之"声"迎农忙

PPT 呈现农民画风格的美术字"丽""鸟"。

师：同学们，你们认识这两个美术字吗？

师：美丽的鸟儿，打一个字谜，谁知道？

生：（丽＋鸟＝）鹂。

师：（出示课题：鹂岛）我们的家乡八卦洲生态环境优美，是鸟儿理想的栖居地。"鹂岛"美称由此而来（多媒体播放布谷鸟的叫声）。

师：同学们，岛上鸟儿的欢叫声你们听见了吗？有一种鸣叫声与众不同哟！听出来了吗？学一学。这是布谷鸟儿的叫声，在这特别的鸣叫声中还藏着一句民间谚语。

师生有节奏地合作吟诵：布谷，布谷，阿公阿婆；布谷，布谷，割麦插禾。

师：布谷鸟的叫声，预示着农忙的到来，每年的五、六月，在芒种时节，鹂岛之上"日出布谷鸣，田家拥锄犁"（PPT 呈现），农忙来啦！（完整出示课题）

（二）麦田成熟忆农忙

（PPT 呈现农忙割麦情景）

师：瞧，这样的场景熟悉吗？你知道他们在干什么吗？你是怎么知道的呢？

师：芒种时节，割麦成为鹂岛农民的头等大事，在座的同学们也一起当了回"小农民"，尝试了割麦子……（引导学生结合前期体验，回忆农忙场景）

师：咱们在座的老师呀，还真没当过农民，他们一定很好奇，你们能

给他们演示一下割麦子的模样吗？为了更有情境感，老师还带来了装备。（出示帽子、毛巾）

（引导学生思考为什么是这样的动态）

师：同学们，结合你们的经验想一想，除了割麦子，麦田里农民们还在干什么？（捆扎、拾穗、擦汗等动作，加深印象）

师：真不愧是农民画班的学生，能观察到这么多动态，老师要给你们点赞！今天老师要给你们布置一个任务——共同创作一幅题为"鼅岛农忙"的农民画。

师：让我们一同走进鼅岛农忙的场景中。你看到了什么？这幅画中还缺什么？你想表现谁？在人物动态表现上你还有什么困难？请你利用老师提供的人物动态模型摆一摆，和你的同学分享造型的经验。（请一两个同学说一说）

教师示范完整的表现。（投影）

根据学生模型的动作引导观察，进而示范完整人物造型。

步骤：

1. 骨架线定型。（利用模型示范）
2. 添画衣着。（注意劳作中人物穿着：戴帽、搭巾、挽袖、挽裤脚）

（出示多角度下的人物动态造型）

师：一幅好画既要注意细节的刻画，也要注意整体和布局的色彩搭配。（进一步引导学生进行恰当的色彩搭配，注意近大远小）

（三）造型表现绘农忙

学生进一步表现，出示作业要求，小组交流，共同合作，完成"鼅岛农忙"生活场景。（PPT大屏幕滚动农民画作品）表现好的同学请将手中的农民形象贴近"鹋岛农忙"画面。

（四）作品展示抒农情

师：在同学们的共同努力下，"鹋岛农忙"热闹场景展现在大家眼前。哪一个人物形象吸引了你？你感受、体会到了什么？

生1：从黑黝黝的农民伯伯挥舞着有力的镰刀卖力地干活，我体会到农民生活的不容易。

生2：虽然收麦很辛苦，但大家仍然热情似火地劳作着。我体会到幸福生活需要用勤劳的（勤劳致富）双手换来。

生3：农民们虽然辛劳，嘴角却挂着笑容。我体会到农民对美好生活的向往和憧憬。

师："民生在勤，勤则不匮。"（PPT呈现释义）同学们，劳动创造生活，带来幸福，更成就艺术。让我们热爱劳动，诗意生活。

师生共同吟诵（PPT呈现）：布谷布谷，阿公阿婆；布谷布谷，割麦插禾……加油、努力，幸福生活（见图5-1）。

图 5-1 《鸦岛农忙》观摩课

【教学感悟】

艺术回归生活，通过对农民画美术语言的重新解构，学生们在课堂中感受到了鸦岛农忙热火朝天的劳动场景；生活创造艺术，通过鸦岛农忙之"声"的情景创设，教师引导学生在观察和合作中进行创作，发现美、欣赏美和创造美。在这样身临其境的课堂体验中，教师能够以一种身临其境的方式，引导学生去感受和发现身边的美，同时也能够唤醒学生的创造力和想象力，让学生欣赏美、创造美，不断提高自身的艺术表现能力和审美素养，不断发掘自己在艺术创作和文化传承中的潜力，从而成为具有创造精神和艺术素养的新时代人才。

二、传承地方人文

一方水土养一方人，农民画本身就是具有浓郁地方特色的艺术形式。在"洲小"的美育课堂中，随农民画中的艺术形象，感受地方人文和民风民俗，成了常用的教学手段。

让学生通过欣赏、学习和创作农民画，深入感受地方人文和民风民俗，从而更好地了解和体验当地的文化、历史和地域特色。一方面，农民画本身就是具有浓郁地方特色的艺术形式，传承了中国传统文化和民俗风情，从而成为呈现地域文化与民族特色的重要载体。教师可以利用农民画的地域性特点，引导学生了解和感受当地历史和民俗文化，带领学生近距离地了解和感受地方的历史、传统和文化，从而增强学生的地域意识和文化自信心，进一步加深学生对本地区文化的理解和认同。另一方面，靠近生活是美育教育的重要原则，在欣赏农民画的过程中，教师可以鼓励学生发现自己生活中的美，通过观察和分析能够获得对本地文化的新认识和新体验。例如，教师可以带领学生考察当地的乡村景观、手工艺制作、民间舞蹈等，让学生更全面地了解和体验当地的民俗文化和生活方式。

教学案例 5-2：《农民画——虎》

一、引出课题，交流讨论

教师书写"生威"，学生填空。（引出课题：虎虎生威）

师：鼠牛虎兔，龙蛇马羊……2022 年是虎年，这节课让我们一起来画一画小老虎。

师：你见过老虎吗？你能形容出老虎的长相吗？（学生自由表达）

师：老虎有着瞪大的双眼、尖利的牙齿、张开的大嘴、锋利的爪子、充满力量的身体，看上去好不威风。如果它站在你的面前，你害怕吗？

（出示布老虎实物）

师：你害怕老师带来的小老虎吗？为什么不害怕？

生：因为这只小老虎非常可爱。

师：请你摸一摸，这只可爱的小老虎是用什么材料做的？

生：是用各种花布缝制的。

师：这只可爱的布老虎，就是咱们中国的民间玩具。

师：每一只可爱的布老虎都是手工艺人们一针一线缝制而成的，想想看，大人为什么要给孩子们买老虎模样的玩具呢？（学生自由表达）

师：虎是健康的象征，人们常用"虎头虎脑""生龙活虎"比喻身体的强健，希望孩子像老虎一样健康勇敢，让布老虎保佑孩子一生平安。

二、观察比较，教师示范

1. 造型设计

师：布老虎玩具包含着父母长辈对孩子的宠爱，其造型和色彩的设计也非常用心，就让我们来一边研究一边画。

（PPT呈现真实的老虎图片，引导学生与布老虎进行对比观察）

师：布老虎相比真实的老虎哪里变大了，哪里变小了？为什么这样变？

生1：老虎的头变大了，身体变小了，腿变短了，看起来十分可爱。

生2：这样头大身体小看起来就像是婴儿。

生3：老虎的眼睛变大了，嘴巴弯弯的像是在微笑，牙齿也不那么尖了。

师：同学们观察得很仔细，说得也很好。这些变化呀，将原本凶猛的老虎变得"幼态"了，看起来就像个老虎宝宝，让见到它的每一个人都想抱一抱。（板书：幼态变形）

师：同学们，你们看，这只老虎变形后，身体的哪个部分最吸引你呢？

生：头部，因为特别大。

师：老虎的头部成了布老虎的设计重点，让我们一起来观察布老虎的头部，除了五官的变形，还有哪里吸引了你？

生：老虎的鼻子看起来像一条小鱼，老虎的眼睛看起来像青菜叶子。

师：那为什么要把鼻子设计成小鱼，把眼睛设计成叶子呢？

生：因为老虎鼻子像水滴形，就像小鱼的身体……

师：为了使这只老虎看起来更可爱，咱们的民间艺人结合老虎原本的五官形状进行了大胆的联想设计，并一代代传承下来，成了布老虎固定的设计模式。（板书：实物联想）

2. 教师示范

构图技巧：重点表现小老虎的头部，占纸面积的一半。

造型技巧：圆圆的脑袋，圆圆的耳朵，圆圆的眼睛，水滴状（叶子状）的鼻子，弯曲微笑的嘴巴，短短的腿，短短的身体，翘翘的尾巴。

细节刻画：联想添加，点线面结合。

进一步示范不同角度。

学生尝试表现布老虎的造型，教师巡回辅导，适当点评。

3. 色彩表现

师：仔细观察布老虎的色彩，你找到色彩搭配的规律了吗？

生：布老虎的颜色很鲜艳，有红色、黄色、蓝色、黑色……

师：布老虎多用对比色彩，看起来十分醒目，这也是小朋友们喜欢的颜色。其中，还有很多的搭配色彩技巧，在民间还有口诀。

教师讲解：

红配黄，喜洋洋。（红和黄的搭配在布老虎设计中比较常见）

头色不过四，身色不过三。（头部和身体的色彩选择不宜过多）

引导学生欣赏不同色彩搭配的布老虎，巩固认知。

三、学生作业

尝试用绘画的手法表现一只布老虎，注意造型和色彩的设计技巧。

四、展示评价

说说谁的作品最有想象力，谁的造型能力最强，谁的作品色彩搭配最醒目。

教师总结：布老虎玩具、虎头帽、虎头鞋、虎头枕，倾注了长辈们浓浓的爱意，在爱的呵护下，希望小朋友们健康成长。

图 5-2 "童真农民画"中的十二生肖形象

【教学感悟】

经过美术教师的教学，学生们笔下的十二生肖（见图 5-2）均具有浓厚的水乡风情和鲜明的农民画风格。学生们在创作过程中充分发挥了自己的创意和想象力。首先，教师鼓励学生自由发挥，不拘泥于传统的表现形式和图像，让学生充分展示自己的个性和风格，从而在表现生肖形象的同时，也更好地展现学生们的创造力和天分。其次，学生们在创作中充分融入了地方文化和民间艺术元素。教师注重让学生了解和掌握农民画的传统文化、技法和意蕴，让学生通过观摩、模仿等方式，深入感受农村文化的美与魅力，从而更好地融入地方文化和民间艺术元素，展现创作的独特性和文化魅力。再次，教师注重培养学生的艺术感知能力和塑造技巧，引导学生充分认识和把握农民画的表现手法和技巧，让学生根据生肖的形态、特点和性格，通过巧妙的构图、饱满的形象、富有张力的线条等表现手法，塑造出生动有趣、个性鲜明的生肖形象，展现出学生们对艺术的热爱和表现能力的提高。通过对民间艺术与民间记忆的挖掘和探索，以"做一做、画一画、学一学和创一创"为学习方式，帮助学生掌握民间艺术设计的基本技巧和基本知识，从而帮助学生感受民间艺术的美。让欣赏与创作结合，行走在童真农民画的大路之上。

第二节
记录与分享

在"洲小"的农民画课堂中,教师注重将视野扩大到自然风光和人与自然的和谐相处,让孩子们在日常生活中找到创作灵感的源泉,用农民画的方式记录和分享大自然和生活中的美好印记。教师通过带领学生去摘野果、采摘蔬菜、捕捉昆虫等活动,让学生身临其境地感受和体验自然界的美好,从而激发学生的创意和想象力,启发孩子们的创作灵感;让学生观察和记录生活中有趣的动物、美丽的植物、欢乐的场景等,帮助学生更好地了解和熟悉当地的文化和民俗风情,从而为学生的创作提供更广阔的空间和灵感来源。比如家乡的景色、爷爷奶奶的故事、自己和朋友玩耍的情景等,让学生通过绘画来发掘和塑造自己的记忆和情感,从而更好地抒发自己的情感和思想。如在《诗情画意》的课堂上,教师以音诗画结合的形式,引导学生走进诗意生活,感受家乡美景。

教学案例 5-3:《诗情画意》

一、教学目标

认知目标:生活中有诗情,生活中有画意。引领学生走进生活,用艺术的眼光感知生活,诗画通感,体会生活的趣味。

技能目标:以家乡生活景观为素材,尝试用农民画的手法表现富有诗意的风土人情。

情感目标:感受家乡的美、生活的趣、艺术的真。

二、教学重难点

重点：艺术链接生活，体会生活中的意境之美，用农民画的手法尝试表现家乡的风土人情。

难点：发现美、表达美、表现美。

三、教学准备

PPT、画具等。

四、教学过程

1.聆听音乐，欣赏农民画

师：听鸟儿清脆的鸣叫，听流水潺潺的旋律，听树叶的随风轻舞……在这片土地上，没有城市的喧嚣，没有世俗的烦恼，美丽的自然、淳朴的民风、欢乐的场景构成了我们心中的世外桃源。同学们，这些农民画中表现的世外桃源在哪里呢？

生：我们的家乡八卦洲。

2.亦诗亦画，畅游八卦洲

师：八卦洲四面环江，水系纵横，让我们一同乘着小舟（画面），畅游我们的母亲河，一同感受家乡的美吧。

师：看，河面上来了一群客人，他们是谁？（画面）

师：你能用一首学过的诗描述看到的情景吗？

生：《咏鹅》。鹅，鹅，鹅，曲项向天歌。白毛浮绿水，红掌拨清波。

师：面对美景，我们不仅可以吟诗表达内心的感受，还可以作画抒发喜爱之情。（板书课题）

出示农民画作品。

师：让我们一边朗诵这首诗，一边欣赏这幅农民画吧！

3.寻觅美景，诗情又画意

师：看，河岸边摇曳的柳条映入了我们的眼帘。

师：此情此景，让我想起了我们学习过的一首小诗，哪位同学能为我们吟诵呢？

生吟诵《咏柳》。

师："碧玉"在这里指的是什么？

生：指的是绿色的柳叶。

师：碧玉指的是柳叶的色彩。诗人极具想象力，将柳叶的绿比喻成美玉的颜色，而这种想象力同样适合于我们的绘画创作。

师：这两幅作品，哪一幅更具想象力呢？

师：绘画创作中，我们不仅可以表现眼中看到的情景，也可以结合自己的生活体验，发挥想象力，丰富画面。

4. 生活联想，创作农民画

师：不知不觉，我们来到了眼前这片再熟悉不过的荷塘。莲叶、莲花、莲蓬是我们小朋友最喜欢的了。请发挥你的想象力，联系生活体验，想想在画面中我们还可以表现什么？

生：鱼、蜻蜓、青蛙、采莲人……

[教师示范采莲人："日日采莲去，洲长多暮归。"（王维《莲花坞》）]

5. 学生作业，教师巡回辅导

师：此时，你的眼中是否也浮现出诗中的情景呢？赶紧把它画下来吧。

学生自由表现。

6. 展示评价，吟诗赏画

学生贴上自己的作品，并赋诗。

我表现的是……我想到了这样一句诗……

生1：小荷才露尖尖角，早有蜻蜓立上头。（杨万里《小池》）

生2：鱼戏新荷动，鸟散余花落。（谢朓《游东田》）

生3：江南可采莲，莲叶何田田。鱼戏莲叶间。鱼戏莲叶东，鱼戏莲叶西，鱼戏莲叶南，鱼戏莲叶北。（乐府诗《江南》）

生4：接天莲叶无穷碧，映日荷花别样红。（杨万里《晓出净慈寺送林子方》）

同学们，有人说诗是无形的画，画是有形的诗。在诗情画意间，我们一同展开了想象的翅膀，为家乡生活增添了情趣，为家乡生活增添了色彩。只要你有一颗善于发现美的心，生活就永远是一首没有句号的诗、一幅没有尽头的画。让我们在未来的道路上继续深情地歌颂、描绘我们可爱的家乡吧。

图 5-3　师生在艺术展演活动中共同绘制鸥岛美景

近年来，江中鸥岛——八卦洲的自然和人文景观越来越美，农村环境越来越好。岛上有一条长约 2 千米的文化墙绘，其中就有"洲小"学生的农民画作品（见图5-3）。孩子们充满童趣和创意的农民画展现了本地区独特的文化和民俗特色，弘扬了民族文化的优良传统和精髓。这些作品有的画了当地的山水风光，有的记录了当地的乡风民俗，有的展现了当地人的日常生活，孩子们的艺术才华和文化素养的提升令人赞叹。同时，它们也为鹂岛的文化墙绘增添了一抹亮丽的色彩，成为岛上的一道文化风景线。

第三节
解构与融合

在农民画课堂中，教师们尝试引导儿童走进熟悉的农村生活场景中，汲取艺术的养料，解构平凡事物中的形状美、色彩美和肌理美，尝试用线条、形状、色彩、肌理等造型元素和对称、重复等形式原理进行艺术创作，进一步创新农民画，让农民画的表现形式更加生动有趣、富有想象力。在课堂教学中，教师可以通过讲解农民画的创作方法和技巧，引导学生进行艺术创作。例如，在教学中可以让学生选择一个熟悉的农村场景，通过线条、形状、色彩、肌理等造型元素和对称、重复等形式原理进行艺术创作。通过创作，学生可以更好地锻炼自己的创造力和表现能力，同时也可以感受到农民画的艺术魅力和表现力。教师还可以引导学生通过观察和分析优秀的农民画作品，学习农民画的表现手法和艺术特点，从而启发学生的想象力和创造力，激发学生对艺术的热爱和追求。例如，在教学中可以选择一些富有地方特色的农民画作品，让学生分析其中的线条、形状、色彩、肌理等造型元素和对称、重复等形式原理，深入了解农民画的艺术魅力和表现力。

教学案例 5-4：《对比的艺术》

一、复习巩固，感受色彩对比

知识回顾——色彩搭配

师：同学们，在我们以往的美术课中曾经学过一些色彩的对比知识（板书：对比），谁能结合自己的认识谈一谈：什么是对比？

生：对比指差别很大、对立的双方。

师：（出示色相盘）色相环中相距120°～180°的颜色，我们都称为对比色。

哪位同学来给我们总结一下？除此之外，还有明度对比、冷暖对比、黑白对比等。

今天这节课就让我们一起走进对比的艺术。（引出课题）

二、初步练习，感受对比魅力

1. 强化色彩认知

师：掌握色彩对比（板书：色彩对比）的相关知识，不仅可以让我们更了解色彩搭配技巧，更能够培养我们的美感。让我们通过一组对比色的选择来训练自己的审美能力吧！

（教师出示多种色彩的彩纸，学生尝试两两搭配）

2. 教师示范——对比拼贴

师：接下来，老师要用这两张对比强烈的彩纸快速地做出一幅艺术作品，仔细看哟！（教师利用对称法则剪贴蝴蝶造型，学生共同合作拼贴）

3. 学生走进对比艺术

师：组成蝴蝶的两半我们为什么要反过来拼贴？

生：与底色形成对比，更加醒目。

师：你学会这种对比表现手法了吗？请你也来尝试做一做。

学生利用对比色，尝试剪贴对比造型。

师小结：一幅好看的作品，我们不仅要考虑色彩对比，其造型也是我们需要重点考虑的内容（板书：造型）。其实，在造型中也有很多关于对比的知识，让我们进一步来研究吧。

三、走近大师，发现对比技巧

1. 欣赏马蒂斯的剪纸，寻找创作灵感

师：刚刚我们进行了有趣的剪纸拼贴，今天老师也给大家介绍一位著名的剪纸大师。（出示马蒂斯的剪纸作品）

这和我们的剪纸作品有什么不同？

生：色彩更多，形状更多样。

师：当画面色彩变多时，其中的对比关系也会由一组变成多组，我们考虑的因素就会比较多。老师这里有一朵剪好的花卉，现在我要给它配上花瓶和背景，小组一起讨论选择什么样的颜色更合适。

2. 教师示范

主体花、花瓶、背景、桌面四个色彩块面搭配，引导学生认识黑白灰的妙用。

师：让我们再次将目光聚焦到马蒂斯的作品上。马蒂斯都剪了哪些造型呢？

生：人物、心脏、光。

师：从形状大小上看，它们相同吗？（板书：大小对比）

师：如果我们改变其中一些部分的大小，你觉得怎么样？

生：重点不突出。

师：合适的大小对比既能突出主体物，同时也会使画面更有美感。

师示范，引发学生思考疏密对比。（板书：疏密对比）

欣赏凡·高的花瓶。

师：色彩对比、大小对比、疏密对比，让花瓶看起来更加生动，只要加以变化，花瓶便可以呈现更加丰富的效果。

四、学生作业，尝试表现对比

作业要求：以小组为单位，运用色彩对比、大小对比、疏密对比，进一步完善花瓶。

学生作业，教师巡回辅导。

五、展示评价，加深对比印象

哪一幅作品吸引了你？针对色彩对比、大小对比、疏密对比关系处理是否合理进行评价，并提出个人见解。

六、拓展延伸，欣赏对比艺术

无论是中国还是外国，无论是古代还是近现代，对比都是艺术家创作的重要方法，你发现了吗？希望大家能在今后的艺术课上认真学习、深入探索，做一个善于学习的人（见图5-4）。

图5-4 《对比的艺术》公开课

【教学感悟】

从观察到实验，从欣赏大师马蒂斯的剪纸到尝试剪纸花瓶的制作，老师带领大家揭开对比艺术的神秘面纱，解析色相、明度、黑白、冷暖、大小和疏密等元素，一组组有趣的对比小技巧逐步呈现在大家眼前。教师启学导思，学生主动探索，呈现出农民画课堂扎实的美育功底。

与此同时，教师们开阔视野，以多维视角从传统文化、历史文物中汲取灵感，以多学科融合、中西方文化对比等多种形式，以美育课堂为阵地，提升学生的核心素养。

教学案例 5-5：《鸟的纹样》

一、诗句导入，营造情境

师：春天来了，万物复苏，鸟语花香，下面先随着老师的镜头欣赏两幅作品。

在这两幅作品中藏着一句诗，你能看出来吗？

生：两个黄鹂鸣翠柳，一行白鹭上青天。

师：这是唐代大诗人杜甫的诗句。古人非常爱鸟，它是自由、美丽、高贵的象征。鸟不仅在诗歌中有所表现，艺术中也少不了它们优美的身影，让我们一同走进博物馆去欣赏吧。

二、欣赏交流，初步感受

1. 欣赏垂冠凤鸟纹青铜簋及拓片

师：这是我国西周时期的青铜簋，是一种用来装粮食的器皿。仔细看这里雕刻着一种动物，你看出来了吗？

师：这可不是一般的鸟，它是传说中的百鸟之王——凤。

师：仔细观察这只凤，它的哪个部分最吸引你？

生：头部翎羽和尾羽卷曲修长、夸张变形，装饰感很强。（板书：夸张变形）

师：鸟儿在这里不仅仅是形象，更变成了一种装饰花纹。咱们这节课就来学习表现鸟的纹样。（出示课题）

师：如果将这只青铜簋上的凤鸟纹全部拓印下来，你们看有几只凤鸟呢？让我们再来看一看。

师：这样完全相同的2只鸟儿，一左一右，有规律地排列，和我们之前学习的哪一课比较像呢？

生：二方连续（相同图样排排队）（排列）。

师：古人讲究礼仪规范，在纹样设计上同样是十分规矩严谨的。（纹样规范）

2.欣赏战国时期深衣上的凤鸟纹

师：同样是凤鸟，在这件战国的衣物上，你有没有发现设计的规律呢？（数数看有几只鸟）

师：排队般的整齐，对称的鸟形。凤鸟的头部、翅膀上的翎羽装饰同样进行了夸张变形，显得分外高贵，这同时也体现了古人浪漫的气质。

3.欣赏秦汉瓦当上的凤鸟

师：你发现它的特点了吗？符合圆形的特征（适合），鸟儿像在跳舞一样，自得其乐。

今天老师将凤鸟请到了课堂上，我们也来学学古人，表现一只既规范又夸张的凤鸟纹样。

4.教师示范

引导学生观察如何将凤鸟设计在适合的形状中。

5.学生尝试表现（一次作业）

以线描的形式表现凤鸟纹样，针对学生作品中的空白疏漏，补充讲授云纹、水纹等辅助装饰图案。

三、主题创作，深入学习

1.以拼贴的形式完成鸟的简单造型

师：美丽的凤鸟在同学们的巧手下穿越时空，来到了我们面前。百鸟们得知这一消息后，都想前来拜访。这就是百鸟朝凤。今天老师非常渴望看到这一场景，你们能满足老师的愿望吗？接下来，我们有个非常重要的任务，每个人都要用纹样装饰一只鸟。你们能完成吗？

首先我们得有一只鸟呀。之前我们就学习过鸟和家禽这一课，了解了鸟的基本形态，那现在老师就考考你们：能不能用老师提供的彩纸拼贴出一只鸟的造型来呢？

教师示范：用简单的几何形彩纸拼贴出鸟的基本造型，可以适当进行裁剪。

学生以小组为单位进行造型组合。

2.进一步学习农民画中鸟的纹样

师：造型表现好了，它们现在还缺什么呢？

生：身体上的花纹。

师：今天老师带来了我们学校的拿手画——农民画。

师：这是农民伯伯们创作出的鸟的纹样。请你来观察一下，他们设计了什么样的花纹？都是设计在什么部位的？

生：头部、身体、尾巴等面积较大的部位。

教师示范：运用排列、对称和适合等设计语言进行花纹设计，注意对比、疏密变化。

学生继续装饰鸟儿，共同完成"百鸟朝凤"图。

四、展示评价

谁制作的鸟儿最吸引你呢？

五、拓展延伸

师：同学们，艺术源于生活，高于生活。鸟儿经过艺术的加工便成了装饰万物的纹样。其实不仅是鸟儿，鱼儿、花儿等生活中的形象都可以成为人们扮美生活的素材。希望你们带着发现美的眼睛、创造美的双手，设计、编织更加美好的生活（见图5-5）。

图 5-5 《鸟的纹样》公开课

第四节
创新与实践

任何一种艺术形式要想保持长久的生命力,就必须打破传统,不断做出调整和革新。民俗的传承不仅是技艺的学习,更是创新的探索。"洲小"在农民画的表现形式上鼓励学生创新,如运用扇面、版画、陶瓷、布艺、电脑绘画等不同的表现技法尝试农民画创作。"洲小"学生在制作不同于传统表现形式的农民画时,运用平时所学的美术知识,充分发挥了自己的想象力和动手能力,对农民画有了新认识,对艺术创作有了新体会。

农民画+扇面(见图 5-6):

图 5-6 学生扇面作品

农民画+版画（见图5-7、图5-8）：

图5-7　学生版画作品之一　（曹馨淳　《洁身碧野布云霞》）

图5-8　学生版画作品之二（万滕悦　《腾龙跃虎随锣鼓》）

农民画＋剪纸（见图 5-9、图 5-10）：

图 5-9　学生剪纸作品之一　（周懿枫 《热闹的码头》）

图 5-10　学生剪纸作品之二（吴涛 《摇啊摇》）

农民画+数字化(见图 5-11、图 5-12):

图 5-11　学生数字化作品之一(王一 《绿水青山》)

图 5-12　学生数字化作品之二(潘芳婷 《垃圾分类从我做起》)

农民画+钥匙扣（见图5-13）：

图5-13　学生钥匙扣作品

农民画的创作，不仅带来了对美术形式的探索与实践，同时也实现了自身IP的开发。在多项活动展示中，以学生农民画作品为内容的农民画扇面、农民画钥匙扣、农民画瓷盘、农民画书签、农民画环保袋、农民画抱枕、农民画马克杯、农民画T恤、农民画时装展现在公众面前（见图5-14、图5-15）。

图5-14　农民画IP产品开发

说明：2022年5月30日，八卦洲中心小学"小小农民画"社团作为"我是美丽江苏小主人活动"红领巾社团在中国少年先锋队江苏省第八次代表大会上展示文创产品

图 5-15　农民画服装展示

说明：2021年7月，《村娃时装秀》节目参加南京市教育系统庆祝中国共产党成立100周年文艺汇演，孩子们身穿印制着儿童农民画作品的时装，自信展示乡村孩子风采

毕加索说："世界上只有一种人真正能画画，那就是孩子。"除了教学内容、教学形式乃至教学成果创新，"洲小"还重视美育课堂教学样态的创新，打破传统美术课堂从赏析到创作的单一步骤，更注重对孩子艺术潜能的开发。孩子们喜欢用画表达情绪，用画来讲故事，这就需要成人站在他们的角度，去细细品味和欣赏。"洲小"根据孩子的年龄和心理特点创设课程，在美育课堂上，通过游戏启迪、自然感知、田野采风等方式，让孩子们在跨界的"体验玩"与"实践学"中潜移默化地提升审美能力和综合素养，关注每一个孩子的成长，让每一个孩子都发光。

活动案例 5-1：名师工作室送教活动

小寒时节，天凉心却暖。2021年1月5日上午，朱琍琍名师工作室送教下坝小学，为"坝小"的孩子们带来了快乐和惊喜。

此次送教，教师为孩子带来了一节生动的农民画特色校本课——《鹋岛渔乐》（见图5-16）。以"捕鱼"为线索，从宋代马远的《寒江独钓图》

到富有地方特色的农民画《鹋岛渔乐图》，感受不同时代背景下艺术作品中所包含的情感和思想。学生体会着"景为情设，情因景生"的艺术审美趣味，同时感受到生活在当下的幸福。教师引得巧妙，学生学得轻松，师生共同完成"渔乐"环创主题景观，欢乐的气氛溢满课堂。

图 5-16　《鹋岛渔乐》公开课

课后，工作室的老师们为孩子们送上了一份小礼物——精美的简笔画书。希望孩子们能爱上艺术，用艺术的眼光感受生活，用艺术的画笔为生活添彩（见图 5-17）。

图 5-17　朱琍琍名师工作室送教活动合影

【活动思考】

通过送教,老师们深深地感受到下坝的孩子们对艺术的渴望。接下来朱琍琍名师工作室将进一步发挥校本特色的辐射作用,为更多的"洲小"学子搭建艺术学习的平台。

第六章 童真农民画的教师团队创建

每个孩子都是天生的艺术家,他们用画笔来表达情绪,用作品来讲故事。有这么一个团队,他们以美育引领,默默守护着孩子们心中对美的热爱与追求,这就是"洲小"的美术教师团队。"洲小"美术教研组的教师们以专业引领教研活动,团结合作,智慧创新,始终以保持儿童天性为方向,将个人发展与团队建设相结合,不断充实提升自我,致力于让学生们在充满浓厚田野氛围的校园文化气息中,善于观察、乐于创作,体会丰富而多彩的农民画;在弘扬中华优秀传统文化中强化价值、实践引领,以美育人,创建丰富的教学资源库,协同开发校本课程,引导学生描绘新时代的美丽乡村,坚定文化自信,促使学生们德、智、体、美、劳全面发展。

教师们强调在教学过程中注重学生个性的发挥。他们充分尊重学生的个性和创意,注重引导学生发挥自己的想象力和创造力,鼓励他们通过创作来表达自己的理解和体验。教师们通过引领、激发和引导学生,让学生在农民画课堂上不仅学会绘画技巧,更学会用心感受和创造美的世界，提高了艺术素养和思维能力。同时，教师们注重促进学生全面发展。他们通过丰富多彩的学校活动、课外拓展等方式，帮助学生更好地融入校园文化氛围，感知、体验生活中的美好；并通过表演、竞赛、展览等形式，展现学生的才艺和创意，激发学生对于学习的热情和兴趣，为学生的健康成长和全面发展注入新的活力和动力。

第一节
打造创意无限的教师团队

"洲小"活跃着一支团结、阳光的美术教师团队,他们用独特的方式与孩子们进行心灵的交流,引领着孩子们追求美的足迹,在生活中感受美、发现美、欣赏美、创造美,为校园辉映出一抹亮丽的景色。

优秀的教师团队是学校发展的核心竞争力,在一个教师团队中,只有每位教师都最大限度地发挥自己的潜力,并在团队目标协调一致的基础上团结合作、共同进取,才能激活团队中的每一个人,发挥团队的整体力量,更好地促进每个教师的专业成长。因此,在社会分工不断细化、课程改革全面推进、教育竞争日趋激烈的今天,我们更应该关注每一位教师的生存状态,关注教师团队精神的培养和团队力量的凝聚,努力打造具有团队意识、合作能力、进取精神的教师团队。"洲小"美术学科组是一支对工作充满激情、肯吃苦、勇创新、团结合作的尚美团队。学科组由6位成员组成,他们以提升学生艺术审美素养为己任,带领学生徜徉在农民画的艺术殿堂,引导学生了解农民画发展史,和学生一起鉴赏农民画作品,设计系列化的学习主题,引领学生在学习中感悟、在创意中开拓、在合作中创造。他们用一腔教育热情寻美育德,涵养童心。他们依托五彩缤纷的农民画课堂,让学生发现美、感知美、鉴赏美、创造美,用爱与榜样担当学生童年时期最美的领路人。

一、加强教研组建设,形成优秀教师群体

教研组是学校重要的教师组织,是教师间实现交流协作、资源共享、

智慧碰撞的重要场所，是教师最基本的、现实的、主要的学习型组织。在这个组织里，每个教师秉持专业成长的意愿，围绕共同的目标，营造出一种开拓进取、勤奋学习、民主开放、合作共享的教研环境和氛围。教师们不断从中汲取智慧和力量，感受相互支持、相互激励的温暖。"洲小"教研组以课堂教学为切入点，重视开展集体备课、行动研究和案例研究三方面活动，坚持开展每学期一次的"学科组长树标课"活动和每周的"研磨一个课例"活动，形成了专家引领、同伴互助、实践反思的团队成长体系。教研组建设让教师相互学习、相互交流，让教师的个性得到张扬，激发、唤醒了沉睡的教师主体意识。在鼓励主体性成长的同时，教研组的教研水准也在不断提升。在教研组全体教师的共同努力下，也取得了不俗的成绩：2018年，学校美术教研组被评为南京市美术先进教研组；2020年，被评为南京市"五一"巾帼文明岗，成为振兴远郊教育的典型示范案例。区教育局以"洲小"艺术特色为蓝本，推出"特色教师"评比，全区教育系统形成"特色助力科研，科研带动教学"的发展态势。

二、发挥骨干教师作用，助推教师专业发展

学校根据教师队伍现状，以新课改为契机，以学校发展总体规划为依据，以调整和优化教师队伍结构为主线，以教师梯队建设为核心，以骨干教师队伍建设为重点。骨干教师以身作则，通过示范和引导，帮助其他教师更好地了解和把握农民画教育的特点和方法，提高教学效果和质量，让学生能够更好地获得学习成果，提高了教师队伍整体素质，助推了教师专业发展。教师们在骨干教师的带领下，共同努力，以团结协作的精神促进各种教育资源的协调和整合，弥补资源差距，提高课堂教学效果，为学生提供了优质的教育服务，创造了更适合乡村学生的教育教学环境和发展空间，推动学生素质全面提升。

具体措施上，在深入推进"青蓝帮携工程"的同时，充分发挥"名师引领"的作用，通过师徒结对，充分发挥骨干教师的引领作用，全力打造学习型团队；发挥名师团队的辐射影响，以一个团队带动一个学科、一个学科影响另一个学科。2016年，朱珋珋牵头成立了"朱珋珋名师工作室"，多年来在团队成员的共同努力下，朱老师先后被授予江苏省优秀教育工作者、南京市美术学科带头人、南京市优秀青年教师等荣誉称号，王钢老师被评为南京市优秀教育工作者，吴继敏老师被评为栖霞区学科带头人，周妮娜老师、周宏老师被评为栖霞区优秀青年教师；教师撰写的20余篇相关论文发表、获奖，6项相关市级个人课题顺利结题，开设区市级公开课20余节。

三、集体备课凝智慧，听课评课促成长

集体备课、听课、说课、评课是我国小学教研制度的基本内容，也是保障教学质量的有效措施。为进一步增强教师在教学活动中的主导作用，充分发挥教师个体积极性和集体智慧，"洲小"定期组织集体备课，共同学习新课标，把握核心素养内涵，了解每个学段对教学目标的具体要求。

童真农民画课堂每周都会安排集体备课时间，促进教师的交流和互动，不断凝聚和汇聚教坛智慧，确保教学过程中的师资优势得到最大限度的发挥。集体备课活动打破了传统的教学模式，通过交流和讨论的形式，激发了教师们的创新意识和教学热情。集体备课活动中，教师们不仅可以分享自己的教学经验和心得，还可以结合自己的实际情况，提出改进和优化方案，对教学内容、方法和形式等方面进行深入探讨和研究。这样的集体备课活动，大大提高了教师之间的交流和互动效率，促进了集体智慧的集结和汇聚。听课、评课活动成为教师们学习、交流、成长的重要渠道。在学校内部，教师们参加了相互之间的听课、评课活动，深入了解了不同教师的教学方法和效果，并互相分享了自己的看法和意见。这样的活动不仅有助于教师们发现自身的不足和提出改进方案，还可以通过评课过程促进集体优化和进步，更好地为学生提供高品质的教育服务。

集体备课、听课、评课等活动促进了教师之间的互动和交流，充分发挥了主体作用和集体智慧，实现了教育教学资源的共享和教学效果的最大化，加强了教育教学质量的控制和保障，同时也促进了教师专业素养和个人成长的进步，为学生成长和培养创新能力提供了良好的保障和支持。同时，每学期学科组还组织进行"一师一优课，一课一名师"活动，通过个人自备、集体共备、第二次备课、第一次上课、评课议课、第三次备课、第二次上课等环节，优化课堂教学的方式和方法，形成"人人有优课、课课有特色"的校本教研新局面；同时以活动为载体，开发优质的数字教育资源，逐步形成校级示范性课程资源体系。

四、拓展美育渠道，构建特色美育新格局

（一）丰富艺术学习路径，提供多样选择

在农民画学习的过程中，学生容易过多地依赖教师，止步于课堂，对于获取艺术学习的路径并不清晰，因此教师引导学生接触农民画艺术资源载体尤为重要。首先可以利用网络资源搜集农民画相关资料，如引导学生了解农民画发展史、农民画乡典型代表、农民画家及代表作、相关主题素材等；其次可以提供农民画的专业书籍，如《金山农民画》《户县农民画》等专业书籍，还有与农民画相关的民间美术资料《剪纸》《灶头画》《年画》等；再次可以深入农民画乡进行实地考察，与农民画家近距离交流，欣赏农民画原作，体会地方风土人情等。

不仅对已有资源进行探索，教师还可以不断梳理研究成果，积累学习资料。一方面整理出学生优秀作品集，将作品集作为学习资料之一，鼓励学生成为课程设计者；另一方面创建出农民画数字化平台，便于学生互相交流学习。

（二）深入研究乡土资源，激发创作灵感

教师通过问卷调查了解到，大多数学生已经有了创作的意识和能力，迫切需要接触更加丰富的创作资源，因此开发乡土学习资源对于进一步提升学生能力显得至关重要。教师通过进一步的调查、访问，根据地理位置、自然环境以及民风民俗等因素，尝试设计系列化的学习主题。初步梳理出访民间、忆流年、游水乡、绘家风四大学习版块，其中：访民间以搜集民间故事神话，参与民俗活动为主；游水乡以观察四时之景、节气之美为线索，顺应自然更迭；忆流年以农事耕种为线索，引导学生参与体验；绘家风以社会主义核心价值观为主线，寻找生活化的表达。四大主题涵盖农村风土人情的方方面面，为乡土学习指明方向。

（三）探索多种采风形式，鼓励个性发展

尝试田野采风，创造美育"繁花似锦"。在儿童的农民画研究过程中，教师的实践能力对于课程建设、学生发展有着重要的作用。积极创造条件，将美术学习引入自然生活，努力打造田园美育场景。在田园采风的过程中，教师要善于引领学生用多维的视角去感受生活之美，让农村的平凡之景变得更加美好动人，使儿童的创作思维更开阔、形象更生动、色彩更丰富，作品更精彩。

（四）创新多维度评价法，获得持久动力

评价活动中要重视主体的主动性，一切评价对象在评价中不应是单纯地处于被动的、被调查的、被分析的地位，而应当主动。校本课程的评价给予师生更多的自由和空间，师生作为课程参与的主体，被提倡共同参与评价活动。在校本课程实施的一开始，身处其中的老师、学生都应知晓评价的基本方向，有的放矢、循序渐进地接近校本课程所制定的目标。在农民画校本实践的过程中，尝试以成长积分卡的形式评价学生的学习水平和效果，给予学生明确的学习目标。以课程育人目标为依据，观照学生认知、技能、情感层面的需要，注重学习习惯、态度、能力等方面的培养，全面促进学生艺术学习能力的提升，这是"小小农民画"校本课程开发的根本，也是实现教育的终极目标。

活动案例 6-1：农民画+版画

2017年3月2日，学校邀请到江苏省特级教师、中国少年儿童版画研究会副会长牛桂生老师做客"洲小"，为"洲小"艺术特色"问诊把脉"（见图6-1）。在听取了美术组的汇报、参观完农民画工作室、观看过孩子们创作的农民画作品后，牛老师对"洲小"的农民画大加赞扬。他表示，"洲小"的艺术创作有着扑面而来的生活气息和天真性情，能让人感受到无穷的灵感和创意。

图 6-1 牛桂生先生和学生亲切合影

从艺术发展的角度，牛老师提出了一些建议：

1. 农民画要在传承中创新。农民画有着浓烈的地域特色，其中表现的内容都是非常好的题材，这是现在儿童画创作所欠缺的，也是艺术生命力持久的源泉。但从学校特色发展和儿童艺术系统学习的需求层面来讲，农民画要有所突破，还要找到更加多元的表现方法。

2. 农民画＋版画的发展思路。他认为"洲小"艺术丰富的底蕴具有版画学习的绝对优势，版画的表现形式将焕发农民画无穷的创作活力和艺术表现力。两者结合，将为"洲小"艺术特色发展打开新的局面。

3月4日，牛桂生先生面向"洲小"美术教师和部分孩子开始了首次版画培训。牛桂生先生教得认真而细致，教师和学生学得饶有兴趣。短短一个上午，几幅富有农民画气息的版画作品就诞生了。此次尝试证实了"洲小"农民画＋版画的艺术发展思路的可行性。

第二节
培育美育素质过硬的新时代教师

《关于全面加强和改进新时代学校美育工作的意见》中提出，各地要加大中小学美育教师补充力度，并要全面提高美育教师思想政治素质、教学素质、育人能力和职业道德水平。学校要实现以美育人的教育价值，关键在教师美育素养的提升。美育教师在从事教学活动的同时也担负着美育课程的设计者和具体实施者的重任，教学过程本身也是实施美育的过程。教学艺术融汇着教师的审美修养、人格特征和情感之美，这些主要体现在教学设计、教学组织、教学语言和心灵关照等几个方面。美育教师承担着言传身教、春风化雨的情感滋养功能，启迪认知的学习能力激发功能和美好健康形象的示范功能。教师应能明确其所承担课程的价值定位，即学校大美育课程的总体架构和自己执教课程的任务目标，并能由此探索服务于美育课程目标的教学方法。每一名美育教师都应遵循一定的原则和途径，不断提高自己的审美修养，展现基于职业道德、人格和知识储备之上的整体魅力，以美育成就孩子的人生。

一、教师在美育课堂中的作用

本着让学生博学、善学、美学、乐学的宗旨，以身示范，以美的环境熏陶学生，以美的言行感化学生，达到以美育人、以美促教的目的。教师在美育教学中发挥着引导者、组织者、合作者和促进者的作用。

（一）教师是美育课堂的组织者

在美育课堂中，教师要善于创设和谐、宽松的学习氛围，与学生建立一种平等的师生关系，让学生在童真农民画的课堂中能够感受到艺术学习是一种平等的交流，是一种美的享受，是一种生命的唤醒，是一种快乐的创造。在美育课堂上，学生能自由地表达自己的观点和想法。教师除了要能够耐心倾听学生的观点，还要善于引导学生将其心中的想法外化成美的表达，并能落实到作品的创作中，最大限度地调动起学生学习的积极性，让课堂成为培养学生审美素养、展示艺术才能的舞台。当学生置身于轻松愉悦的学习环境中时，身心自然就可以健康地成长，实践和创造能力也能得到更好的体现（见图6-2）。

图6-2　教师带领学生到实践基地体验丰收活动

（二）教师是美育课堂的引导者

美，无处不在，而现在许多学生却偏重于知识和技能的学习，缺少发现美、感受美的能力。美育教师作为课堂的引导者，就要用慧眼引领学生去发现美、感受美、鉴赏美，引导孩子形成"美"的标准，正确鉴别美与丑、善与恶，慢慢加深对美的理性思考，增强审美情趣，形成健康向上的审美观。教学时，作为学生学习引导者的教师应帮助学生制订合适的学习目标，并确认和协调达到目标的最佳途径，引导学生形成良好的学习习惯，掌握学习策略；创设丰富的教学环境，激发学生的学习动机，培养学生的学习兴趣；为学生提供各种便利，为学生的学习服务。在童真农民画的课堂上，教师通过系统化的课程设计帮助学生形成对艺术的整体认知，既重视学生美术技能技巧的学习，同时也注重美术文化的感受，将艺术学习置身于更为广阔的空间，通过对农民画的学习，引导学生发现农民画与众多民间艺术的内在关联，理解传承与创新的逻辑联系，了解艺术与生活的必然联系，达到美育的功能（见图6-3）。

图6-3 教师在课堂上与学生积极互动

（三）教师是美育课堂的合作者

学会合作是铸就成功人生的基石。因此，教师要有意识地培养学生的合作精神，让他们在合作中学习、在合作中成长，体验合作学习的乐趣。课堂上，教师与学生相互合作，帮助学生顺利地获取新的知识信息；组织学生合作交流，完成对新知识的理解和运用。师生互动，相互合作，彼此间以智慧启迪智慧，以情感赢得情感，以思想影响思想，以人格塑造人格，使得课堂里流淌着激情的诗韵和激昂的旋律。在童真农民画课堂上，教师和学生一起走进农民画的世界，和学生一起欣赏农民画，带领学生用多维的视角去感受农民画之美，体会农民画家们如何用画笔让农村平凡之景变得美好动人。教师与学生一起进行创作（见图6-4），可以激发学生的艺术创造力，通过表达思想感情和展现艺术美感来丰富他们的美术表现力。这样的创作可以扩展学生的思维，使他们的形象更加生动，色彩更加丰富，作品更具有吸引力。

图6-4　教师与学生一起绘制农民画墙

（四）教师是美育教学中的促进者

教师在课堂上既是教育者，也是学习者，师生间应该充分互动，以实现教学相长。在教学过程中，教师所充当的应是促进者的角色。当学生在自主观察、实验或讨论时，教师应积极地看、积极地听，真实地感受学生的所作所为、所思所想，随时掌握课堂中的各种情况，考虑下一步如何指导学生学习。教师应给予学生心理上的支持，创造良好的学习氛围，采用各种适当的方式，给学生以心理上的安全感和精神上的鼓舞，使学生的思维更加活跃、热情更加高涨。课堂上,教师采用趣味互动提问的教学方式,传授农民画的构图、上色、叙事技巧,既让孩子们感受农民画五彩斑斓的色彩,又勾起他们对生活、对家乡的热爱,让他们爱上农民画。课后,教师还可以一方面整理出学生优秀作品集(见图6-5),将作品集作为学习资料之一,鼓励学生成为课程设计者;另一方面创建农民画数字化平台,便于学生互相交流学习。

图 6-5　学生的农民画作品集与获奖证书

二、教师自身的审美素养

教师应该增强美育意识，不断提高自身的审美修养，展现新时代的教师之美。教师自身的审美素质要求，除了具有教师的一般素质外，还须具有丰富的内心情感、美好的生活理想和持久的情感创造力，这样才能在具体教学活动中同学生进行广泛的情感交流，以情感的感染力影响学生及其学习过程，使教学活动真正成为令人愉悦的过程。

（一）教师的形象之美

教师的一言一行都是学生们模仿的对象，而首先映入学生眼帘的是教师的形象。教师形象是由仪表、风度、气质、修养等多方面的因素构成的，它应该给学生以赏心悦目的美感，同时也对学生的健康成长产生潜移默化的教育作用。一个仪态大方、举止端庄、温文尔雅、睿智幽默的教师出现在学生面前时，会给他们带来美的享受。教师的一个微笑、一个眼神、一个动作，都可能使学生为之感动和愉悦；学生会产生一种愿意与之交往的情感驱动，会流露出一种惊喜、一种快乐，教师也会因此而获得一份信任、一份友谊，师生关系会变得融洽、和谐。教师为了塑造自身良好的形象，就必须丰富自己的内涵，努力提高文化修养和审美素质（见图6-6），不仅能自己欣赏艺术，具有丰富的精神世界，还要不断提高自己的专业水平，能在指导学生进行艺术创作时游刃有余。

图6-6 美术教师在牛桂生老师的指导下研究版画与农民画的融合教学

(二) 教学艺术之美

教育教学是教师的本职工作。优秀的教师无不具有精湛的教学艺术水平。其课堂教学不仅受到学生的喜爱，产生很好的教育教学效果，而且也使学生得到审美的享受。教学艺术之美突出地体现为教师的教学语言之美、教学技艺之美和教学过程之美。

1. 教学语言之美

语言是人类交流信息和表达思想的工具。由于语言是教学的最主要手段之一，因此，教学艺术在很大程度上就是一种语言艺术。教师的语言是以口头语言为主、以书面语言和体态语言为辅的综合语言系统。语言成为教师在教学活动中创造美的主要媒介。同时，语言也是教师的外部形象之一，是教师形象工程建设的重要内容。苏霍姆林斯基说："教师的语言，是一种什么也代替不了的影响学生心灵的工具。教育的艺术首先包括说话的艺术，同人心交流的艺术。"教师的教学语言不仅是一种交流、沟通的工具，而且也是美育的重要内容和手段。它使师生在对话中得到心灵的解放和精神上的愉悦，使教学充满了生命的活力。

2. 教学技艺之美

教学方法是创造教学美的重要手段。美的教学方法是指教师按照"美的规律"设计教学方法，进行创造性劳动的结果，它在本质上表现为一种教学艺术。它主要表现为教学方法的形象性、情感性、创造性与个性化。一堂课，教师可穿插富有启发性的提问，可运用现代教育技术进行演示，借助影视、音乐、绘画等手段，使教学内容生动、形象、引人入胜。课堂教学的美感和魅力源于教学方法的创造性，教师在进行教学方法的设计时，应展现自己的个性特色，勇于创新，寻找最适宜的教学方法，使得教学内容可以激发起学生的求知欲，让学生在积极思维中感受学习之美，培养理智感和美感，养成良好的学习态度。

3. 教学过程之美

教学过程是引导学生掌握文化科学知识，同时促进其知、情、意全面发展的过程。这样的教学过程体现出一种律动之美、生命之美——师生互动，共同学习、共同创造、共同成长，在思想的碰撞中迸发灵感，从而使教师惬意、学生快乐，师生均在知识的海洋里自由徜徉，尽情享受教育的快乐。

（三）教师的情感之美

情感是人对于客观事物是否符合自己的社会性需要而产生的态度体验。情感包括理智感、道德感和美感。情感之美体现了教师的一种内在美。陶行知在论及教师修养时，认为教师审美修养的核心是情感修养。情感丰富、健康的人就能拥有生活、学习、工作的动力源泉，就会有对美的追求和对生活的热爱。教师品德的光辉照亮了学生的心灵，教师豁达乐观、积极进取的人生态度潜移默化地影响着学生；教师宽广的胸怀，为学生的精神放飞提供了自由的天地，使参差不齐、性格各异的学生各展所长，健康成长。

活动案例6-2：在田野，种艺术

2021年5月10日下午，一场诗意的美术教研活动在"洲小"隆重举行。"洲小"的美术教育团队与大家分享了学校农民画艺术特色研究的成果与故事。

首先，由入职5年的徐长虹老师为大家带来民间艺术剪纸课《抓髻娃娃》（见图6-7）。徐老师用一张红纸和一把剪刀引出本节课的教学内容，接着通过抓髻娃娃的剪纸作品引导学生了解其吉祥、繁衍的寓意。抓髻娃娃看似相同却又不同，学生通过交流讨论得出其造型特点的异同，为接下来的作业创作打开思路。在徐老师细致的示范下，教学难点轻松解决，学生们剪的抓髻娃娃造型生动，各有千秋。

图 6-7 《抓髻娃娃》公开课

接着，由入职 3 年的周珊老师为大家带来农民画特色课《鹧岛渔乐》。首先，周老师以捕鱼为线索，从宋代马远的《寒江独钓图》到富有地方特色的农民画《鹧岛渔乐图》，让学生感受不同时代背景下艺术作品中所包含的情感和思想。学生体会着"景为情设，情因景生"的艺术审美趣味，同时感受到生活在当下的幸福。周老师引得巧妙，学生学得轻松，师生共同完成"渔乐"环创主题景观，欢乐的气氛溢满课堂。

两节研讨课后，"洲小"的孩子们给前来的老师们献上了一场农民画时装秀。孩子们身着农民画特色服装，自信的步伐尽展"洲小"学子风采，赢得在场老师们的阵阵掌声。

紧接着，朱珂珂老师给大家带来一节微讲座《"农民画"民俗艺术团建设与思考》。朱老师从为什么要做艺术特色研究、如何选择学校的艺术特色研究项目、如何做好学校的艺术特色课程、农民画艺术特色课程建构、关于参评艺术团（特色项目）的一些建议等五个方面深入与大家做了分享，干货满满，得到了在场老师们的一致肯定和好评。

三、教师审美素质培育的途径

教师加强审美修养，提高审美素质的过程，也是对学生进行审美教育的过程。教师自我完善的目的是实现以美育美的育人功能，帮助学生树立正确的审美观，培养学生感受美、鉴赏美、创造美的能力。为了提高教师团队的美育素养，"洲小"进行了多方面的探索。

（一）建立教师美育工作制度

美育不仅是艺术教师的工作，也应当是全体教师更是校领导的职责。为了提高教师的审美素质，"洲小"为教师提供了系统的美育培训。"洲小"成立了由学校领导、专家组成的教师美育工作小组，制定了长期和近期的培训计划及具体的实施方案，落实培训任务，并将培训的效果纳入教师的年度考核，从管理和制度上切实保证教师美育工作的顺利开展。

活动案例6-3：成长有术，特色教师引路

2016年11月25日，八卦洲中心小学朱珂珂名师工作室开展了"传统文化进校园"主题课例研讨活动。

本次活动将国家课程与校本课程有机结合。围绕传统民间艺术——青花，工作室成员徐长虹老师与王璐老师分别为大家呈现了一节精彩的研讨课。徐长虹老师执教的《青花盘》一课，取自二年级教材内容。从对"青"

色的认知到青花盘的传统工艺，徐老师利用实物、图片，引领学生不断思考，寻求答案；从创作内容和创作形式两大视角，徐老师以"连连看"的游戏形式帮助学生将青花图案分类归纳，加深印象；在技能表现环节，徐老师完整展示青花盘的设计创作过程，其中巧妙穿插中国画用色和用笔技法，学生作业效果出众，获得在场老师的一致肯定。

王璐老师执教的《妙笔生花》是对美术教材内容的进一步拓展，紧扣民间艺术的装饰性，围绕青花图案引导学生展开探究。王老师以"妙笔""生花"两块内容，激发学生大胆表现，从一朵花的装饰到缠枝纹的学习，一步步引领学生感受装饰艺术的神奇与精彩，学生学习兴趣浓厚；在作品呈现环节，王老师巧妙地将学生作品嵌入青花瓷瓶造型中，使作品焕发出生命力，让人耳目一新。

课后大家展开了积极的研讨。特级教师王倩老师做了精彩点评。针对两位教师的课堂教学，王老师理论联系实际，帮助大家梳理思路、指明方向。她指出："朱琍琍名师工作室"能将学校艺术特色进一步深化，将美术学习有机整合。一方面做到国家课程与校本课程很好地接轨，让国家课程成为校本课程开发的有力支撑，让国家课程因校本课程的发展而更加富有内涵；另一方面将农民画学习与其他民间艺术类型有效融合，既是对农民画创作的再丰富，又是对农民画研究的深思考。以"青花"为引，相信"洲小"农民画特色课程还会呈现更多的精彩；以"特色"指路，"洲小"青年教师的发展将会更加迅速。教师发展中心的李娟老师做了总结性发言。首先，李老师肯定了两位教师的课堂表现，从整体设计、课堂互动、教师范画、作业效果等方面都做了肯定的评价；其次，李老师提出了更加长远的思考，她表示农民画创作并不局限于一种单一艺术形式的思考，农民画是对众多民间艺术的融合表现，将青花、剪纸、刺绣等民间艺术的学习融入其中，才能让农民画的学习更加精彩。她相信，只要明确目标，"洲小"艺术特色将会更好地助推教师专业成长、学生艺术学习、学校文化发展。

（二）加强美育理论的学习

教师只有加强美育理论方面的学习，科学地认识美育，了解当代美育的发展趋势，并以此指导实践，才能有效地实施美育。首先，要认真学习国家关于美育工作的各种重要文件。其次，要认真解读新颁发的艺术课程标准，吃透"感知、发现、体验和欣赏艺术美、自然美、生活美、社会美，提升审美感知能力；发展创新思维，积极参与创作、表演、展示、制作等艺术实践活动，学会发现并解决问题，提升创意实践能力"等艺术课程的总目标，这些为我们开展学校美育工作和展开美育研究提供了政策支持和实施指南。再次，教师还要学习古今中外教育家和学者关于美育的研究理论，并能够结合实际进行融合运用，不断发展与更新。最后，还要组织美育理论的学习、交流活动，利用学校教师固定的教研时间，安排教师集中开展美育理论学习与讨论，成立学习小组，制订学习任务，鼓励教师撰写教学案例，记录教研心得，使得教师在学习、交流、总结和研究的过程中提高自身的美育理论水平。

（三）加强师德师风建设

著名教育家斯霞说过："要使学生的品德高尚，教师自己首先应该是一个品德高尚的人。"[1]教师要用良好的道德品质去感染学生，那么教师的美育工作就应该先从思想上做起。拥有高尚品德的教师，才有能力引导学生欣赏美、追求美和创造美。

良好的师德师风是教育之根本，更是学生们学习的榜样和人格的示范。

---

[1] 郑惠懋：《学校领导策略研究》，厦门大学出版社2016年版，第30页。

"洲小"教师团队均以自己良好的品格去感染学生、教育学生。常规课堂教学中，美术教研室各位教师身体力行，坚持以美育人，在培养学生良好的艺术审美素质和绘画技艺的同时，为学生塑造榜样作用。在每个专业课程课堂中，保持一画一点评、一生一关注。所有教师在教学工作中以饱满的热情投入教学工作，不辞辛苦，为学生树立师德榜样，通过日常教学，感受到教师职业角色的使命和任务，同时也感受到作为教师应该具备的师德素养。整个教师团队就是一个温馨的大家庭，大家一起努力，提升自己的审美素养，同时引导孩子们在美的道路上不断前进，与孩子共同成长。

（四）加强专业化技能培训

今天的教师，其专业知识结构已经不再局限于学科知识和教育学知识，而是强调复合型的多元化学习。以此提高教师们的内涵，由内而外地提升专业化水平，有助于他们更好地实施课程育人。首先，开展职业技能培训，结合传统的教师培训模式，建立了以校本培训为主、集中培训为辅的培训模式，通过"专题培训"和"专题总结"的形式，以教师"自学—反思—交流"的模式，促进教师教育观念的转变和课程实施能力的提升。其次，加强教学科研，通过丰富多彩的校内汇报课、青年教师优质课竞赛、名师工作室活动、美育课题研究等，促进教师把教研与美育研究结合起来，转变教学方式，增强创造力。再次，组织教师参加校内外的审美实践活动，开阔教师的审美视野，发展其审美能力，从中总结经验并运用到课程中，推动美育课堂的变革创新。

活动案例 6-4：妙笔，传统的古意雅趣

2020 年 11 月 19 日上午，"洲小""朱琍琍名师工作室"迎来了校级主题教研活动。活动主题围绕探寻中国传统艺术之美展开，工作室三位青年教师结合自己对传统艺术的认识，为大家呈现了精彩的课例。

妙笔·意

"小雪飘飘来，忙着储白菜。"下坝小学的刘敏老师为大家带来了一节二十四节气特色课《小雪——水墨白菜》（见图6-8）。刘老师从二十四节气歌入手，引导学生思考、探讨、发现小雪节气的民风民俗，由此引出"白菜"话题。整节课以齐白石的水墨白菜图为线索，从创作思想到表现手法，层层深入，不仅有"菜根香处最相思""清白做人"的深刻立意，还有"简""变"的艺术技巧，将艺术学习"包裹"在浓浓的文化氛围中，不仅让孩子学会了水墨白菜的表现技法，更让学生感受到托物言志手法的意境深远。

图 6-8　教研活动《小雪——水墨白菜》

妙笔·趣

"洲小"的周珊老师引领六年级的孩子展开了一场有趣的水墨体验——《水人物——老人》（见图6-9）。老师通过直观的视频带领孩子们回顾了中国传统水墨画中的五种墨色——焦、浓、重、淡、清，以及不同的运笔方法——中锋勾勒、枯笔皴擦、大气泼墨。"请同学们对号入座，找一找水墨人物中用笔用墨的技巧，看谁发现了表现的技巧，你能尝试说说作画步骤吗？"学生认真观察、细致分析，难度较高的水墨人物画似乎也变得简单起来。作业环节中，大家大胆尝试水墨落笔的神奇变化，画得有模有样，更有学生表示希望下节课还是美术课。

图 6-9　教研活动《水人物——老人》

妙笔·雅

"洲小"徐长虹老师的《漏窗——隐约之美》（见图 6-10）显得格外清新优雅，整节课充满着浓浓的中国味儿。课程以中国传统园林建筑中的漏窗为切入点，在余音袅袅中，孩子们徜徉在苏州园林里，探寻漏窗的造型之美，体会虚实相生、含蓄内敛的中国美学思想。"直线搭积木""曲线弯弯腰""折线转转身"，徐老师通过简洁好记的口诀帮助孩子们进一步了解漏窗的设计技巧，打开了学生的思路。作业环节中学生们大胆表现、共同合作，设计出丰富的漏窗造型，俨然一位位优秀的园林设计师。

图 6-10 教研活动《漏窗——隐约之美》

课后,区教研员针对三节课例进行了细致的点评。首先肯定了三位教师的课堂教学成效。她认为学生的状态以及作业的呈现是评判一节课最好的标准,三节课的学生都能积极互动、认真参与。其次提出了学习传统文化的重要性。她谈到"文化自信"必须从教育抓起,作为美术教师,有责任和义务传承中华传统艺术文化,不仅要传承,更要创新并丰富。工作室成员认真聆听,相互学习,受益颇多。

第三节
建立一套行之有效的管理办法

提高教师的审美素养是学校美育的一项基础性工作，也是一项系统工程。学校给予了充分的重视，协调好各方面的工作，建立了一整套管理办法，为教师审美素养的提高创造了良好的条件，促进了学校美育课程的有效开展。

一、树立良好教风，增强集体凝聚力

良好的教风学风是学校的立校之本、发展之魂，决定着人才培养质量，也有利于提升学校的办学水平。鹂岛文化是"洲小"的特色校园文化，它的基本特质是：淳朴、自然、美丽、自由。为了加快教师的专业化成长，给学校发展注入更多活力，"洲小"在鹂岛文化的引领下，确立了"善·上"的校训、"淳·美"的校风中、"渔·真"的教风、"活·趣"的学风，以及"为学生成才奠基，为教师成长服务，为学校发展改革"的办学理念。"渔·真"的教风中，"渔"即追寻授之以渔，传授给人既有的知识，不如传授给人学习知识的方法；"真"即精诚所至，教师对所从事的教育工作要有较强的责任感，努力做好每一件事，认真对待每一个学生，业务娴熟，精益求精。

良好的教风直接影响着教师的行为，能极大地推动教师的专业化成长，使他们经常处于一种自然的、美好的氛围中，在不知不觉中接受美的教育和同化。在管理过程中，"洲小"尽量为教师创造良好的工作环境、生活环境与和谐的人际关系；通过各种活动，分享美育教育体会，营造出一个凝聚力很强的教师群体，培养有理想信念、有道德情操、有扎实知识、有仁爱之心的"四有"教师。

在鹂岛文化的引领下，"洲小"涌现出一批优秀的美术教师，他们在课堂教学、理论研究和专业创作领域都有着出色的表现。同时，为了进一步锻炼教师团队，"洲小"也为美术教师设立了三级培养模式：第一层级，做好"教师"，深谙美育理念，灵活运用教学方法，达到传道、授业、解惑的理想境界；第二层级，做好"美术教师"，做一位具有高超美术技艺、熟悉美育功能、具有科学审美素养的美术教师；第三层级，努力成为一名"艺术家型美术教师"，除了教学、艺术创作，还要在自己熟悉的领域形成独特的气质与风格，知行合一，能够以自己的人格魅力影响学生的审美形成。学校期待每一位教师都能够以美涵养个性气质，以美丰富教学方式，以美激发教育热情，最终以美滋养学生的情操和心灵，实现美美与共的教育理想。

二、向美而行，促进个人专业成长

"洲小"教师团队管理崇尚向美而行。在学校的管理模式中，每一位教师都被看作独立的个体，学校不仅关心他们教学技能的提高，更关心他们的专业化成长，以美促进他们的全面发展。

第一，培养教师自觉的专业精神。美育教师就是一位美的使者，从事一项高尚的工作，以美育人。教师一旦有强烈的教育使命感和责任感，就会有一种高度自觉的专业精神，把教育活动看作实现自我价值、体现人生意义的过程。因而为实现自己的梦想，每天都不会懈怠，苦练教学基本功，提升自身的审美情趣和审美能力；同时，在教研教学的过程中不断丰富自己的理论知识，完善教学技能，提升专业情操，自觉地在工作中不断追求美，把美育工作落实到每一位学生身上，将工作看成一项美好的事业，充满热情，不懈努力，无私奉献。

第二，要有持续学习的意识和能力。教师自身职业的特点要求其不断学习，汲取新的教育理念，不断变化，不断创新，才能真正担当起育人的重任。作为一名美育教师，要想取得扎实的专业素养、深厚的学养，就必须抓住每一个机会向书本学习，向实践学习，向其他老师学习，向学生学习，通过各种渠道不断充实自己，使自己的专业水平得以快速提升。

第三，要在研究的状态下工作。苏霍姆林斯基说："如果你想让教师的劳动能够给教师带来乐趣，使天天上课不至于变成一种单调乏味的义务，那你就应当引导每一位教师走上从事研究这条幸福的道路上来。"不论是教学设计、课堂教学，还是教学评价等，教学技能的掌握都不是一蹴而就的，它需要在具备教学理论基础上进行反复多次的模仿或练习而形成。学校鼓励教师们聚焦新课标，深研新课堂，探索单元教学、主题教学和项目化学习，挖掘本土文化资源，结合教材内容，进行学科间的融合与关联，深挖农民画作品的内涵，打造以美培元的沉浸式课堂。

第四，要自觉培养创新意识。互联网技术发展日新月异，智慧校园的建设开展得如火如荼，特别是人工智能技术的发展极大地丰富了学校的教学手段和教学内容，教育云平台、多媒体视听、VR 技术、AR 技术的快速发展，使共享优秀教学资源变为可能。每一位教师都要自觉培养创新意识，自觉运用新的技术手段和技术成果为教学服务，以达到良好的教学效果。在教学内容的创新上，教师要不断探索数据支撑下的学科建设新样态，依托信息化平台、人工智能技术，把农民画课堂变得更加灵活、生动，调动学生学习的积极性，使他们在课堂中能够获得美感和享受，实现美育教育资源互联互通，探索出一条美术教学的创新之路。

三、实施科学评价，营造良好育人生态

教育评价是指对教师的教学活动及其效果的测量和判断。教育评价不仅有鉴定功能、诊断功能、改进功能，还有激励和导向功能。评价的公平与否将直接影响教师的积极性及管理的绩效。因此学校把科学和人性结合起来，制定了教师工作评价体系，对照不同层次的目标进行定性和定量的评价。一方面，注重激励机制的建立，以最大限度地发挥教师的积极性。另一方面，在教师的评价方式上，舍弃了以往单一的评价方式，采取常规评价、教学评价、教师互评和家长参与多种方式相结合，力图从各个角度多方位地对教师进行全面的评价。

同时，学校引导教师客观全面地分析自身教育教学业务能力情况，明确发展的目标和努力的方向，指导教师制订专业发展计划，建立教师专业发展档案，实现教师教育教学业务水平的可持续发展。教师档案夹按学年度进行更新，涵盖教师年度成长的方方面面——参训情况、开课成果、所思笔记、帮携掠影、课题研究、辅导学生档案等，见证了教师个人的成长足迹，更是记录了学校的荣誉成绩。

第四节
开展一系列走进田野的采风实践活动

田野已成为"洲小"学生学习农民画的课堂。学校以田野采风实践作为童真农民画课程建设的内容，鼓励儿童走出校门，以自然风光、民俗风情、人文发展为媒介开展艺术探究，强调亲历性、交互性、研究性学习，在真实的情境中去思考，去发现，去完成一种体验，获得美的感悟，寻找创作灵感。作为农民画课程教师，要将艺术学习由校内延伸到生活中，为儿童提供真实的、可利用的、可学习的乡野资源，让儿童回到田野，亲身参与。在田野采风的研究中，引导教师主动参与、积极实践、不断反思，总结出田野式的教学方式和方法，形成童真农民画教学范式。

每一位教师应以对艺术的执着追求、对美术教育的强烈热爱来感染学生；应以自身深厚的审美文化积淀来引导学生；应以自己的美术创造实践，让学生在学习中感悟美、发现美、创造美；要始终以欣赏者的态度欣赏学生的每一幅作品，不断给学生以鼓励，从而激发学生绘画创作的热情。教师对教育事业、对学生、对艺术的热爱，可以转化为一种无形的教育力量，让课堂充满活力，让学生充满信心。

童真农民画课程是一门结合趣味性与实践性的课程，旨在通过丰富多彩的田野采风活动，让学生深入了解和感受乡村文化，提高他们的艺术素养和创造能力。首先，课程突出了趣味性。在课程设计中，教师们深入挖掘乡村文化的魅力，结合"童真"的特点，开展各种趣味活动，鼓励学生积极参与。其次，课程突出了实践性。教师们通过田野采风、文化考察等方式，让学生充分感受乡村文化的气息和风貌，深入了解农村人文和社会生活，帮助学生更好地了解和把握农民画的特点和方法。在实践中，学生们通过亲手制作农民画作品，发挥自身的创造力和想象力，不仅体验到艺术创作的快乐，更加深入地理解了乡村生活的内涵和文化的丰富性。学校鼓励学生走进田间地头、市井乡里，采用体验、写生、拍摄等方式，多角度地观察、记录、表现生活。

田野采风将学生带到更为广阔的学习天地中。学习场域的变化必然带来学习方式的改变。采什么，如何采，这不是学生随意的捕捉，它需要教师有针对性的引领，需要有效的策略和路径。首先，教师需要进行进一步的调查和访问，来了解当地的地理位置、自然环境、民风民俗等因素，从而为学生设计出更加系统和丰富的学习主题，让学生们能够全面地了解和把握乡村文化的内涵和特点。其次，教师需要根据学生的个性化需求和学习特点，设计出不同的学习路径和策略。田野采风的活动方式多样，有的学生喜欢自由探索，有的学生喜欢有计划地进行采风活动，教师需要根据不同的学习习惯和认知模式，提供具有引导性和启发性的学习路径和策略，帮助学生更好地融入田野采风活动中，全面感知和理解乡村文化的内涵。最后，教师需要在田野采风活动中注重学生的思维引导和素材挖掘。教师可以在学生采风时提供丰富的思考问题和挖掘主题，让学生在采风过程中逐渐发现问题和绘画主题，从而更好地开展感性观察和体验，提高艺术素养和创造能力。教师通过进一步的调查、访问，根据地理位置、自然环境以及民风民俗等因素，尝试设计系列化的学习主题，这是研究的重点。目前已初步梳理出访民间、忆流年、游水乡、绘家风四大学习版块，四大主题涵盖农村风土人情的方方面面，为乡土学习指明了方向。

活动案例 6-5：朱琍琍美术工作室活动

大雪时节，又一次相聚。为了促进各位青年教师的专业成长，加强名师合作交流，2020 年 12 月 7 日下午，在浦口区实验学校，栖霞区朱琍琍美术工作室与董香琴美术工作室开展了跨区联合活动（见图 6-11）。

本次活动包含两个部分：课堂展示和花艺学习。

董香琴美术工作室的成员孟旭老师从一年级儿童身心特点出发，带来了一节别开生面的造型表现课——《卡通，卡通》。孟老师以一个诱人的苹果引入，添画上可爱的表情，引出课题；从孩子感兴趣的卡通形象入手，引导学生观察卡通与实物的不同；通过游戏活动，由浅入深、层层递进，将生活物品设计成趣味十足的卡通形象；最后以可爱的小火车开车进行作业展示。孩子们在活动玩耍中开心地掌握了卡通的设计方法。课堂童趣十足，师生互动井然有序。

图 6-11 "朱琍琍美术工作室"与"董香琴美术工作室"跨区联合活动

此次活动特邀花艺老师为大家做插画工艺指导。花艺老师从美学的角度引导大家结合花儿的色彩和造型进行构思、构图。"在插画的过程中，我们要有所取舍，有舍才有得。""花与花之间要保持一定的距离，这就像人与人的相处，有礼有节。""有高有低，有前有后，如人生起伏，富有节奏。"花艺老师用充满智慧的生活化的语言帮助大家领悟花艺的色彩美、造型美、意境美。老师们学得认真投入，作品各美其美。

活动案例 6-6：乐"陶"淘，悦享中国传统文化

2023 年 2 月 11 日，"洲小""小小农民画"社团的小画家们在老师们的带领下，热情高涨地来到八卦洲中桥村文创小店，尝试农民画＋陶艺的艺术创作。

绘制开始前，文创小店的何老师耐心地为同学们讲解绘制盘子的注意事项和制作过程，鼓励同学们大胆创作。

大家手拿画笔，挥洒五彩颜料，将农民画绘制在盘中。

经过半个月的期待与等候，同学们绘制的陶盘新鲜出炉啦（见图 6-12）！咱们一起去看看吧！

民俗的传承不仅是技艺的学习，更是创新的探索。同学们在绘制陶盘时运用平时所学的农民画知识，充分发挥了自己的想象力和动手能力。通过这次活动，同学们对农民画和陶瓷有了新的认识，对艺术创作有了新的体会。不少同学都已经开始期待下一次的创作活动啦！

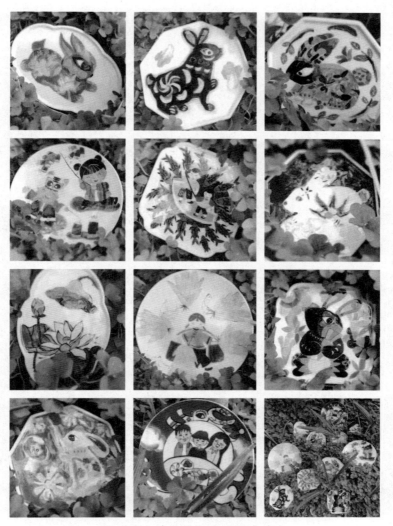

图 6-12 学生的农民画陶盘作品

第七章 童真农民画的课程成果

孩子们的农民画作品，是那样鲜艳、明亮，在阳光下、春风里，每一幅作品里都能看到孩子们脸颊上洋溢着的动人微笑！

从孩子们小小的作品里，我们领略到了"大大"的——

大大的眼睛！孩子们的眼睛好大哟！我们从中看到了丰收的稻麦，欢叫的鸭鹅，唱着歌儿的小鸟，摇动着身姿的小鱼；看到了辛勤劳动的伯伯、婶婶，嬉闹玩耍的弟弟、妹妹；看到了身边的鹃岛，还看到了海那边的台湾；看到了地球那边的草地、森林、大象、鳄鱼……大大的世界，都在孩子们的视野之中，都在小小的农民画之中。

大大的襟怀！孩子们的襟怀好大哟！他们走进六合，向六合的农民伯伯婶婶们学习；他们找到上海金山的农民画，把描绘大海边生活的农民画作和农民画的故事装入了自己的胸怀；他们飞向黄土高坡，在陕西的窑洞里，从户县农民画中汲取中华文明的滋养……八卦洲的孩子们在中国农民画的文化土壤中不断地丰富着自己、充实着自己,同时,又把这种丰富与充实画入一幅幅小小农民画中!

　　大大的梦想!孩子们的梦想好大哟!种出的西瓜与人一般大;家乡的芦蒿不仅从沃土中长出,还能直接从手机中、电脑中不断地产出;家乡的小小河塘中,活泼泼的数也数不清的鱼、虾、鸭、鹅在嬉戏;蓝蓝的天空中,"小小"农民坐在一朵朵白云上,播撒一粒粒雨滴……一个个好大好大的梦想,在一幅幅小小农民画中自由舒展。走进这一幅幅小小农民画中,你会情不自禁地陶醉在一颗颗童心之中。

第一节
访民间

民间,那是一首自由自在的小调,这方欢声笑语几多逍遥,那方渔家灯火风景独好。

孩子们笔下的画作是那样鲜活,它们源于民间、源于乡村,表现出来的是原汁原味的民间风景与乡村生活。它们以其独特的地方特色、直白的表达方式、朴素的表现手法、亮丽的色彩,将幸福美满的民间生活表现得淋漓尽致。这些作品不但展现了农民日常的生产生活,更呈现出无限的乡土情怀和生活情趣,打动了观者的心灵(见图7-1至图7-9)。

图7-1 《福气满满》(作者:周露锦)

图 7-2 《赶年兽》(作者:陈熹)

图 7-3 《鹊桥会》(作者:李瑾萱)

图 7-4 《端午赛龙舟》（作者：吴雨彤）

图 7-5 《大红包》(作者:尤良琪)

图 7-6 《过年喽》(作者:刘璇)

图 7-7 《秦淮灯会》（作者：高紫莹）

图 7-8 《流水席》（作者：杨思涵）

图7-9 《舞龙》(作者:高天之)

第二节
忆流年

流年,是生命的长河,逆流而上我们追忆,顺流而下我们成为记忆。

小小农民画,为乡村的孩子们打开了认知生活和世界的大门,让他们对农民、农村多了一分尊重与理解,对家乡多了一分眷念和热爱,对传统文化多了一分理解和认同。忆流年,耕读传家,孩子们以画笔记录对农民、农业、农村的所见所闻、所思所想,表达着农村娃特有的快乐和记忆,成为美丽家乡的"代言人",用这种朴实的方式记录着生活,也成就了更好的自己(见图 7-10 至图 7-19)。

图 7-10 《大丰收》(作者:郭雨涵)

图 7-11 《派缘农庄采草莓》（作者：薛聚红）

图 7-12 《偷吃》（作者：丁嘉琪）

253

图 7-13　《爱劳动》（作者：耿悦）

图 7-14　《拾鸭蛋乐趣多》（作者：叶紫涵）

图 7-15 《捉迷藏》（作者：郭涵）

图 7-16 《贪吃的大公鸡》（作者：许颖）

图 7-17 《鸟趣》(作者:杨齐玥)

图 7-18 《真甜》（作者：赵静姝）

图 7-19 《橘香满园》（作者：张欣妍）

第三节
游水乡

水，包容一方乐土，孕育生命激情，承载四季轮回；水，在长歌里徐徐前行。

水，是八卦洲的独特标签，这里河道纵横、水网密布，有长江水的奔腾汹涌，也有小河碧水的清澈澄净，还有池塘芳草的清幽。岛上田野阡陌，炊烟四起，颇具江南水乡的韵味。孩子们的画作大多反映的是物产富庶的鱼米之乡、黑白相间的民舍、青砖石板的街巷、河塘鱼巷的水乡、果园天地的风光、其乐融融的岛上生活。作品质朴淡雅，柔情似水，描绘出了对未来美好生活的热爱与向往。

孩子们以独一无二的艺术语言，揭示了他们所在的村庄的独特风采与社会情感，为我们呈现了一幅缤纷多彩、充满生机和福祉的乡村画卷（见图7-20至图7-27）。

图7-20　《桃花盛开的地方》（作者：周懿枫）

图 7-21 《绿水青山》(作者:高天之)

图 7-22 《盛夏采菱》(作者:周明月)

图 7-23 《春姑娘》(作者:单文静)

图 7-24 《家乡美》（作者：杨齐玥）

图 7-25 《金色的江面》（作者：邢玉竹）

图 7-26 《鹛岛之声》（作者：朱晨阳）

图 7-27 《夏天的荷塘》（作者：杨璇）

第四节
绘家风

家，是幸福的归宿、美德的摇篮。它承载着我们温暖的记忆，绵延流长、萦绕心头，令人久久难忘。

家是最小国，国是千万家。家风是一种精神，它流淌在祖祖辈辈的血液中，成为他们做人行事的准则和坚守；家风更是一种传承，在祖辈的言传身教中代代相传，得以继承和发展。家风是一种潜在的、无形的力量，熏陶着孩子们的心灵，塑造着孩子们的品格。"洲小"的农民画作品涵盖了社会主义核心价值观、绿水青山、家庭美德等丰富内容，让孩子们在创作中传承家风家训，播下真善美的种子，成就新时代好少年。在"洲小"学生的农民画作品中，我们可以看到孩子们对家庭美德、社会主义核心价值观和绿水青山等丰富内容的体悟和表达，这是家风所传达给他们的精神财富，是塑造他们健康成长和社会责任感的重要因素（见图7-28至图7-38）。

图 7-28 《共建美丽乡村》(作者:徐佑恩)

图 7-29 《爷爷过大寿》 (作者：杨欣雨、洪雨双晴)

图 7-30 《缝花被》（作者：程瑜彤）

图 7-31 《上公交排排队》（作者：钱姗姗）

图 7-32 《家和万事兴》(作者:吴欣怡)

图 7-33 《上行下"孝"》(作者:洪雨双晴)

图 7-34 《邻居好,赛金宝》(作者:阮郁涵)

图 7-35 《其乐融融》(作者:吴欣怡)

图 7-36 《粒粒皆辛苦》(作者:卢晓冉)

图 7-37 《妈妈，舒服吗？》（作者：谭文静）

图 7-38 《荷下乘凉梦》（作者：谢佳凝）

小结

　　孩子们是人类文化的传承人。传承不是继承，它是传递、接续、承接、创新，旨在"传"，意在"创"。学习民间艺术同样需要我们在延续的基础上赋予它新的符合时代的生命力。在童真农民画的课程中，"洲小"时时刻刻把"创"放在首位，让孩子们去看、去聆听、去想象、去创作。带着对"创"的追求以及对八卦洲这片土地深深的爱，"洲小"将努力把童真农民画带向诗意的远方，让农民画成为孩子们诠释梦想的舞台，让孩子们在童真农民画的课程中探索美丽，发现生活的美好，用画笔展现出自己心中的梦想，成为文化创新的推动力量和艺术标杆。

敬 告

　　为了让读者更好地了解中国农民画的发展史，与更多的农民画家对话，在本书的编写过程中，我们本着审慎的态度，严格遵循该主旨，收录了一批堪称经典的作品。由于部分作品的作者相关信息不详，我们尚未与其取得联系，敬请看到本书的相关作者联系我们，以便支付稿酬。

　　特此声明，并向所有慷慨授权本书使用其作品的著者、译者及相关人士致以真挚的谢意！